Texto fixado conforme as regras do Acordo Ortográfico da Língua Portuguesa (Decreto Legislativo nº 54, de 1995).

Editora responsável: Amanda Orlando
Editora assistente: Elisa Martins
Preparação do texto: Jane Pessoa
Revisão: Maria A. Medeiros
Capa e projeto gráfico: Gisele Baptista de Oliveira
Fotos: Eduardo Barillari

1ª edição, 2016

CIP-BRASIL. CATALOGAÇÃO-NA-FONTE
SINDICATO NACIONAL DOS EDITORES DE LIVROS, RJ

Campos, Alessandro, 1982-
C21q Quer ser feliz? Ame e perdoe / Alessandro Campos. - 1. ed. - São Paulo: Globo, 2016.
il.

ISBN 978-85-250-6271-0

1. Perdão - Aspectos religiosos - Cristianismo. 2. Amor - Aspectos religiosos - Cristianismo. 3. I. Título.

16-33808 CDD: 234.5
CDU: 27-185.36

Editora Globo S.A.
Av. Nove de Julho, 5229
01407-907 — São Paulo — SP
www.globolivros.com.br

PADRE ALESSANDRO CAMPOS

Quer ser feliz? Ame e perdoe

Reflexões para a sua vida

principium

SUMÁRIO

INTRODUÇÃO

A maior mensagem que eu quero deixar para você com este livro é o quanto Deus te ama. Vou me dar por satisfeito se, ao terminar de ler, de refletir, de rezar com este livro, você ficar convencido de que Deus lhe tem amor!

Você precisa de Deus, precisa acreditar no quanto Ele quer a sua felicidade, no quanto Ele te ama. E no quanto Ele deseja que você conheça o amor e viva o perdão. Porque Deus é Amor! Viver Deus é viver o amor e o perdão, e viver isso é viver a felicidade plena em abundância.

Meu irmão, minha irmã, Deus sem você é Deus, mas você sem Deus não é nada. Deus faz a sua felicidade. O desejo de Deus para você é este: Quer ser feliz? Ame e perdoe!

Quantas vezes você já ouviu ou leu estas palavras:

"**19** [...] a luz veio ao mundo, mas os homens amaram mais as trevas do que a luz, pois as suas obras eram más.
20 Porquanto todo aquele que faz o mal odeia a luz e não vem para a luz, para que as suas obras não sejam repro-

vadas. **21** Mas aquele que pratica a verdade vem para a luz. Torna-se assim claro que as suas obras são feitas em Deus" **(Jo 3,19-21)**.

Quantas vezes você não quis se encontrar com alguém, por medo ou vergonha, ou até mesmo por estar magoado com essa pessoa, ou por achar que ela te ocupa e não te deixa em paz? Quantas? Pois bem, todas as vezes que você se esconde dessa pessoa, você está deixando de amar, de perdoar, está deixando de viver na luz, com o coração leve e em paz! Isso significa se trancar dentro do seu quarto, do seu próprio mundo, ou seja, dentro de você mesmo.

Após a morte de Jesus, os apóstolos se trancaram no escuro com vergonha, fugindo de tudo e de todos, com medo de assumir Jesus Cristo. Perderam a paz, o ânimo, a alegria... E o que Jesus fez? Apareceu para eles ressuscitado e disse: Que a paz esteja com vocês! Eu lhes dou a paz, eu dou a minha paz. Meu irmão, minha irmã, Jesus diz isso para você agora.

Você não pode mais viver trancado no escuro com medo. O mundo da fofoca, do egoísmo, da destruição, da inveja, da vaidade são as trevas da nossa vida. Se você continuar vivendo nas trevas, elas te levarão para a tristeza, para a derrota, para a solidão, para o abandono.

Meu irmão, minha irmã, mesmo com os contratempos desta vida, mesmo com as dificuldades que temos, com as incertezas, nós precisamos viver, praticar esta palavra: "Aquele que pratica a verdade vem para a luz. Torna-se assim claro que as suas obras são feitas em Deus!".

Você precisa agora, neste momento, tomar uma atitude e escutar a voz de Jesus, que lhe diz: Venha para a luz, saia do escuro, do medo, saia desse seu mundo e viva a paz. Jesus fala com você há muito e muito tempo que Deus é amor!

E eu mais uma vez preciso dizer a você que o filho de Deus é Jesus Cristo, e Jesus Cristo é a luz para a sua vida! Deus não nos criou para a tristeza, Ele não nos criou para a angústia, Deus não nos criou para a derrota, Ele nos criou para a vitória! Ele é um pai bondoso, uma mãe terna. Deus ama até o seu filho mais perverso. E Deus nos deu seu filho amado, para que quem Nele crê não pereça mais e tenha a vida eterna.

Faça como Jesus, para Jesus e por Jesus: Deseje a paz para a sua vida, amando e perdoando. Só assim você será feliz!

REZE COM O PADRE

Eu te convido, meu irmão e minha irmã:

Busca o Senhor enquanto Ele pode ser achado, invoca-O enquanto Ele está perto, volta para o Senhor, porque Ele terá piedade de ti!

Volta para o nosso Deus, porque Ele é perdão, generosidade, misericórdia, e os pensamentos Dele não são como os nossos, os Seus caminhos não são como os nossos. Os caminhos do Senhor, diz a palavra, estão acima dos nossos caminhos, os pensamentos do Senhor estão acima dos nossos pensamentos.

Coloca a mão no teu coração agora, curva a cabeça, fecha os olhos, e vamos clamar pela presença do Espírito Santo de Deus sobre as nossas vidas hoje. Vamos conversar com Jesus Cristo. Diz a Ele agora, neste momento, que tu necessitas da Sua graça, que tu necessitas da força, da energia, dos dons do Espírito Santo, da sabedoria, da fortaleza, da ciência e do temor de Deus.

Clama pela presença do Espírito Santo, que renova não somente a terra, mas também a nossa vida e a nossa história.

Pede a Jesus Cristo que Ele arranque do teu coração, da tua alma, tudo aquilo que te enfraquece, que te deixa longe da Sua graça, do Seu amor, do Seu perdão e da Sua presença. Pede a Ele, com a força do Espírito Santo, que venha transformar o teu presente e o teu futuro, porque tu fizeste planos, seguiste uma trajetória, mas te esqueceste de que o Senhor tem outros ainda melhores para ti!

Quero pedir por ti neste momento. Quero te abençoar. Recebe agora a minha bênção para que Jesus entre na tua vida hoje, arrebentando com todo o mal, com toda a fraqueza, com toda a angústia, com toda a depressão, com toda a tristeza, com toda a vaidade, com toda a ganância, com todos os ressentimentos. Jesus é o Senhor da nossa vida, da nossa história. Ele restaura o nosso ser, restaura a nossa família, os nossos projetos, os nossos sonhos e transforma a nossa vida, o nosso tempo. Eu desejo que tu possas hoje ser um homem ou uma mulher renovado e renovada pelo amor, pela graça e pelo Espírito Santo de Deus!

Vem, Senhor, e renova a minha vida, me levanta, me dê coragem e vem com a Tua força poderosa em minha vida. Renova-me, Senhor Jesus, pois tudo que há dentro de mim precisa ser renovado, tudo que há dentro do meu coração e da minha vida precisa mais de Ti, Senhor. Afasta de mim todo o mal, todo o poder das trevas e leva-me todos os dias da minha vida para a luz. Assim seja! Em nome do Pai, do Filho e do Espírito Santo, amém!

PARTE I

AME

Como seria belo se cada um de vós pudésseis, ao fim do dia, dizer: Hoje realizei um gesto de amor pelos outros!

Papa Francisco, 7 de maio de 2015

REZE COM O PADRE

Vinde, Espírito Santo, enchei o coração dos Vossos fiéis e acendei neles o fogo do Vosso amor. Enviai, Senhor, o Vosso Espírito, e tudo será criado, e renovareis a face da terra! Ó Deus, que instruístes o coração dos Vossos fiéis com a luz do Espírito Santo, fazei com que apreciemos retamente todas as coisas e gozemos sempre da Vossa consolação, por Cristo Senhor Nosso, amém!

1
CORAGEM

Diz Jesus para nós hoje e sempre: "Eis que eu renovo todas as coisas!" **(Ap 21,5)**.

Quem conhece Jesus Cristo de verdade muda tudo na sua vida. É um homem novo, uma criatura nova. O maior exemplo para nós está no Evangelho, em que Jesus transformou o soldado Saulo no grande apóstolo Paulo.

Saulo era inimigo de Jesus Cristo, devastava a Igreja, arrancava as pessoas das casas e as jogava na prisão e, mesmo assim, os que conseguiam fugir se espalhavam por toda parte, anunciando a Palavra de Deus, apesar das perseguições. Aqueles que aderiram a Cristo não tiveram medo, não foram covardes, foram até o fim, fortes e corajosos. Um dia, Saulo perseguia cristãos quando uma luz o cegou. Ele caiu do cavalo e escutou a voz de Jesus, que indagou: "Saulo, Saulo, por que me persegues?" **(At 9,4)**.

Muitas vezes é preciso parar e pensar nas perseguições de nossas vidas. Quantas e quantas vezes somos perseguidos e tantas outras perseguimos, mas não nos damos conta disso?

Uma luz cegou Saulo, e ao ser curado ele assumiu o chamado de Jesus e passou a evangelizar por todos os cantos do mundo. Foi preciso parar Saulo, cegando-lhe para que os ouvidos escutassem.

Há uma diferença muito grande entre ouvir e escutar. Ouvir é simples, exatamente isso, algo que entra pelo ouvido direito, daqui a pouco sai pelo esquerdo e muito rápido esquecemos. Fazemos até muitas vezes pose de atentos, os olhos não piscam, mas os nossos pensamentos naquele instante estão viajando... Aquele que escuta não usa somente esses ouvidos que temos, mas também os ouvidos do coração, porque só com eles é possível compreender e, principalmente, pôr em prática tudo aquilo que escutamos.

Jesus também nos para! Reflita sobre a situação difícil que você está vivendo, pare e medite sob a luz que Jesus lança na sua vida.

Os apóstolos realizaram coisas maravilhosas porque escutaram a Palavra, escutaram Jesus Cristo com os ouvidos do coração, tinham curiosidade, queriam viver a experiência de Jesus Cristo, não se envergonhavam como muitos de nós.

Muitas vezes nos envergonhamos de ser de Jesus, de proclamar a Palavra, de cantar bem alto nosso louvor. Com muita facilidade somos capazes de apontar, de criticar as pessoas que vivem Jesus Cristo vivo, real, ressuscitado em suas vidas. Nós nos esquecemos de que a Palavra nos cobra uma atitude ao rezar, deixando-nos ser envolvidos pelo Espírito de Deus.

Temos medo de abrir a boca e orar!

Perca o medo, meu irmão, minha irmã. Diga agora para Jesus: "Senhor, estou aqui, sou Teu filho amado, sei que sou miserável mesmo, um pecador, eu reconheço. Mas estou aqui agora, preciso de Ti, do Teu colo amigo, do Teu abraço. Quero, Senhor, que faças na minha vida uma renovação, uma transformação, uma libertação, uma cura, um milagre. Eu preciso de Ti, Senhor, preciso de Ti, meu Pai, preciso da Tua paz".

Quantas vezes pedimos para que os outros rezem por nós? Você pode rezar por si mesmo, você pode pedir a Deus aquilo de que necessita. Tem tanta coisa bonita que você pode falar a Deus, sem medo, sem vergonha, usando as palavras do seu coração. É preciso ser cristão de verdade, autêntico, coerente, corajoso, sem vergonha sem medo, ser cristão de atitude. Era assim que acontecia com os apóstolos, e por isso, porque escutavam com o coração, não tinham vergonha, nem medo.

Quando seu coração não está aberto para Deus, e você vive com rancor, seu coração se transforma em pedra, tornando-se pesado e fechado. Isso pode fazer com que você se sinta adoentado, perseguido pelo mal. Essas atitudes tão frias, tão distantes, só fazem com que você viva essa realidade. Quando pensa em maldades, quando faz o mal, quando semeia a fofoca, a confusão, a briga, você está afastando Jesus Cristo de sua vida. E quando Jesus Cristo não tem lugar na nossa existência, ocupamos esse espaço com o mal, e então nada mais dá certo.

É isso que vem acontecendo todos os dias da nossa vida, no nosso mundo, no Brasil, na nossa comunidade. O espaço de Jesus é ocupado pelo mal, ficamos fascinados pelo mundo, pelas facilidades da modernidade, e onde não há Jesus, não existe o bem. Onde não tem a presença da paz, há violência, desamor, tristezas, depressão, solidão... Onde não há Jesus Cristo, não há nada, tudo é vazio, o muito não nos satisfaz!

Quando você for rezar, com a mão no coração, a cabeça curvada e os olhos fechados, peça a Jesus Cristo que faça na sua vida hoje todos os prodígios e milagres que Ele fez naquele tempo, que faz hoje e fará sempre! Peça a Ele para transformar a sua vida como transformou a vida de um grande pecador chamado Saulo, mas que, ao conhecer Jesus Cristo, mudou até de nome, porque conheceu a salvação, conheceu a verdade, a vida! E o nome dele será lembrado para todo o sempre: Paulo, o grande apóstolo, que nos diz: "Sei em quem pus minha confiança" **(2Tm 1,12)**.

A nossa confiança tem que estar em Deus. Só em Deus.

2
RENOVAÇÃO

Certa vez disse Jesus:

"**1** Eu sou a videira verdadeira, e meu Pai é o agricultor. Todo ramo que não der fruto em mim, Ele o cortará; **2** e podará todo o que der fruto, para que produza mais frutos [...]. **6** Se alguém não permanecer em mim, será lançado fora, como o ramo. Ele secará e hão de ajuntá-lo e lançá-lo ao fogo, e queimar-se-á. **7** Se permanecerdes em mim, e as minhas palavras permanecerem em vós, pedireis tudo o que quiserdes e vos será feito" **(Jo 15,1-2.6-7)**.

Com toda a certeza, alguma vez na vida você deve ter escutado ou lido essas palavras, mas será que as escutou com os ouvidos do coração? Já parou para refletir sobre o que Jesus quis dizer ao nos revelar essas palavras, onde ele queria chegar? Já pensou na diferença que essa passagem pode fazer na sua vida hoje, nessas tribulações que você está passando, nesses dias difíceis que está vivendo?

Jesus na verdade nos faz uma advertência quando diz:

"**1** Eu sou a videira verdadeira, e meu Pai é o agricultor. Todo o ramo que não der fruto em mim, Ele o cortará; **2** e podará todo o que der fruto, para que produza mais frutos [...]. **4** O ramo não pode dar fruto por si mesmo se não permanecer na videira" **(Jo 15,1-2.4)**.

Jesus quer nos explicar que o agricultor é o Deus pai, a videira é Ele próprio, Jesus, e nós somos os ramos. Não passamos de ramos esparramados sob o sol e a chuva. E se não permanecermos nessa videira, nos alimentando da sua seiva doce, não vamos dar frutos. Ele avisa: "[...] não podeis tampouco dar fruto se não permanecerdes em mim" **(Jo 15,4)**. Ou seja, Ele é categórico: "Quem permanecer em mim e eu nele, esse dá muito fruto; porque sem mim nada podeis fazer" **(Jo 15,4)**.

Nós não podemos dar frutos doces e saborosos se não permanecermos em Cristo, ouvindo e principalmente praticando a Sua Palavra, tendo atitudes firmes, sendo um exemplo como Ele. Não se produzem frutos em galhos secos. Aqueles que seguem Jesus devem sempre ser um ramo fértil de sementes boas, para que todos que venham Nele sejam abrigados, saciados, alimentados.

Jesus continua nos dizendo que o ramo que dá frutos será podado, para que dê mais frutos ainda, pois a poda fortalece, renova a seiva.

Há uma grande diferença entre ser cortado e ser podado. O que é cortado seca, envelhece, se queima ao fogo, não tem serventia. Mas o que é podado se torna mais forte, renova-se à primeira luz do sol, cresce firme e dá frutos abundantes.

Por vezes Deus nos poda porque Ele tem um propósito para nossa vida, assim como o jardineiro que poda a planta para que ela possa dar mais frutos. Ele não poda a raiz, não corta tudo, mas só alguns pedaços, principalmente os ruins, as folhas e os galhinhos secos que estão nas pontas. Nosso Pai sempre deixa um broto, porque este vai crescer com muito mais força, ficar muito mais bonito, ter muito mais qualidade.

É exatamente isso que precisamos ver acontecer em nossa vida hoje. Precisamos que Deus seja realmente nosso agricultor, que Ele possa nos podar de todos os pecados, de todos os males, de tudo aquilo que atravanca nossos caminhos, que nos atrapalha.

Porém, sejamos sinceros com nosso coração, não queremos ser podados, não gostamos de ouvir a verdade, porque a verdade machuca, a verdade dói, porque sabemos que nossa verdade só existe em nós mesmos. Estamos no erro, e sabemos disso, embora não desejemos que ninguém nos diga, que fique nos lembrando de que a nossa perfeição é falha. Não admitimos críticas, não queremos que Deus nos pode.

Meu irmão, minha irmã, é preciso, sim, que o agricultor, que Deus, possa começar a nos podar imediatamente para que possamos dar muito mais frutos, frutos saborosos, doces, suaves, que saciem a sede do nosso espírito. E só então poderemos saciar aqueles que vêm buscar nossa companhia, nosso aconchego, nosso consolo.

Então, não pense que, mesmo estando com Jesus Cristo, como um ramo grudado na videira da vida, você não precise passar por sofrimentos, não precise enfrentar dificuldades, porque são nesses momentos que somos podados, mas com um grande diferencial: essa poda é feita por Deus, o nosso Pai.

A poda é aquela correção que o pai e que a mãe fazem ao filho, para o seu crescimento, o seu amadurecimento, e que muitas vezes custamos a entender. Percebemos nessa reflexão que não queremos crescer, não queremos amadurecer. Queremos ficar na mesmice, acomodados no erro. Mesmo sabendo que não está dando certo, temos receio de sair da zona de conforto ou sentimos pena de nós mesmos.

É preciso parar. É preciso parar e se colocar nas mãos de Deus com confiança, com a certeza de que, como um jardineiro, como um agricultor, Ele tem um propósito de vida para nós. Um propósito de crescimento, de felicidade, de frutos. É o próprio Jesus que nos assegura isso quando diz que:

"**5** Quem permanecer em mim e eu nele, esse dá muito fruto; porque sem mim nada podeis fazer [...]. **7** Se permanecerdes em mim, e as minhas palavras permanecerem em vós, pedireis tudo o que quiserdes e vos será feito" **(Jo 15,5.7)**.

Lembre-se de que esta palavra de Deus nos reforça:

"**7** Pedi e se vos dará. Buscai e achareis. Batei e vos será aberto. **8** Porque todo aquele que pede, recebe. Quem busca, acha. A quem bate, abrir-se-á" **(Mt 7,7-8)**.

Tenho plena convicção de que estamos vivendo na infelicidade por um único motivo: estamos longe de Jesus Cristo. E sem Jesus Cristo não somos nada.

3
SABEDORIA

Afirma o papa Francisco: "Nós temos dentro de nós, no nosso coração, o Espírito Santo. Podemos escutá-Lo ou podemos não escutá-Lo. Se nós escutamos o Espírito Santo, Ele nos ensina a via da sabedoria, presenteia-nos com a sabedoria, que é ver com os olhos de Deus, ouvir com os ouvidos de Deus, amar com o coração de Deus, julgar as coisas com o juízo de Deus. Esta é a sabedoria que nos dá o Espírito Santo, e todos nós podemos tê-la. Somente devemos pedi-la ao Espírito Santo".*

A Igreja celebra a vinda do Espírito Santo na Festa de Pentecostes. Quando Jesus soprou sobre os apóstolos e todos ficaram cheios do Espírito Santo e abrasados pelo ardor missionário, começaram a evangelizar por todos os lugares. Perderam o medo e anunciaram a Boa-Nova a todos que encontravam. A todos, sem exceção. A salvação é para todos.

* *Catequese com o Papa Francisco*, 9 de abril de 2014.

Deus não escolhe as pessoas, somos nós que o fazemos!

Pentecostes é a vinda do Espírito Santo sobre nós, para nos renovar, nos curar, nos transformar, nos restaurar.

Um dia, Jesus disse aos apóstolos:

"**15** Se me amais, guardareis os meus mandamentos. **16** E eu rogarei ao Pai, e ele vos dará outro Paráclito, para que fique eternamente convosco. **17** É o Espírito da Verdade, que o mundo não pode receber, porque não o vê nem o conhece, mas vós o conhecereis, porque permanecerá convosco e estará em vós. **18** Não vos deixarei órfãos. Voltarei a vós. [...] **26** Mas o Paráclito, o Espírito Santo, que o Pai enviará em meu nome, ensinar-vos-á todas as coisas e vos recordará tudo o que vos tenho dito" **(Jo 14, 15-18.26)**. "[...] mas descerá sobre vós o Espírito Santo e vos dará força; e sereis minhas testemunhas em Jerusalém, em toda a Judeia e Samaria e até os confins do mundo" **(At 1,8)**.

E é isso que Jesus diz para mim e para você hoje, agora! Muitos de nós vivemos sem a ação do Espírito Santo, mesmo batizados. E quando vivemos longe de Deus, não temos sabedoria para administrar as coisas da nossa vida, afinal não adianta ter só a ciência. É preciso tomar consciência de que, sem a ação do Espírito Santo na nossa vida, não temos sabedoria para nos guiarmos, para guiar a nossa família, os nossos filhos, a nossa profissão. Para ter a sabedoria, só há um caminho: Jesus Cristo, e a Ele se pede o quê? Que o Espírito Santo nos ilumine, clareie nossa vida e nosso caminho.

Vamos nos lembrar da passagem do Evangelho que diz que, com a aproximação do Dia de Pentecostes, os apóstolos estavam todos reunidos no mesmo lugar, como nós estamos, sempre reunidos em nome de Jesus. E, de repente, veio do céu um ruído, como se soprasse um vento impetuoso, e encheu toda a casa onde estavam sentados. Apareceu-lhes então uma espécie de línguas de fogo que se repartiram e pousaram sobre cada um deles. Eles ficaram todos cheios do Espírito Santo e começaram a falar em outras línguas, conforme o Espírito Santo lhes concedia que falassem.

Todos os dias deve ser Dia de Pentecostes para nós. É esse o desejo de Deus para mim e para você, que Ele sopre sobre nós o seu Espírito Santo para nos dar os seus dons: sabedoria, fortaleza, piedade, conselho, inteligência, ciência, o temor de Deus. Percebo muitas vezes que, quando não agimos com sabedoria, o nosso coração não é iluminado. E você pergunta por quê? A única resposta para isso é que você está longe de Jesus Cristo e ainda não pôs em prática o Espírito Santo que recebeu na sua vida. O Senhor conhece o nosso coração, Ele nos sonda, nos conhece desde quando nos levantamos até a hora em que nos deitamos. Ele sabe bem do que somos capazes.

Quando levamos uma rasteira da vida é porque estamos tão apegados às coisas da terra que, mesmo tendo a certeza de que não vamos levar nada desta vida e que o nosso destino é o céu, não queremos soltar aquilo que consideramos nosso. Agarramo-nos àquilo que é passageiro e por isso sofremos, desesperados de perder algo que na verdade nem faz parte da gente.

Faça a experiência de estar mais junto da sua família, de se reunirem em torno da mesa, e de estarem juntos para rezar e ouvir o que Jesus tem a nos dizer — lembre-se: "Todos reunidos num mesmo lugar" **(At 2,1)**. A cada dia essas palavras soarão diferentes, porque o Espírito Santo é que nos inspira e nos diz exatamente aquilo que precisamos ouvir. Quando deixamos o coração livre, o Espírito Santo fala. É Deus Quem nos fala, e quem busca a Deus deve ouvir com os ouvidos do coração, bem atentos.

A Palavra de Deus é como um bálsamo em um ferimento, é o alimento, é o remédio para nossa alma machucada, que precisa ser lavada e curada.

Tenha Jesus presente na sua vida. Lembre-se de que Deus não vai mudar a sua vida se você não mudar primeiro. O homem decepciona os outros, ao contrário de Jesus Cristo. É preciso ter Jesus presente na sua vida. Esperamos as coisas de forma amena, procuramos caminhos fáceis, e é por isso que a nossa vida vai do jeito que está, porque sempre esperamos soluções mágicas. Você está sofrendo, mas não quer descer do salto, está vivendo a mentira, vivendo a hipocrisia, mas é incapaz de admitir que está errado. É preciso viver a realidade, viver com o pé no chão. Jesus não vive a falsidade, não passa a mão na cabeça de ninguém.

Tem que existir o diálogo claro, precisamos ser honestos conosco. Temos que nos olhar no espelho e assumir os nossos erros e também as nossas vitórias, por que não? Deus não nos criou para a derrota, Deus nos criou para a vitória, para sermos felizes, para amar e sermos amados, para aprendermos a perdoar os outros, a perdoar a nós mesmos e a pedir perdão.

Tudo isso que falamos, e o que fazemos, vem de dentro do nosso coração, e só faz sentido se você entender que é preciso ter a presença de Deus em sua vida. Temos de estar tomados pelo Espírito Santo de Deus. A vida que tem a presença de Deus é muito diferente. Problemas todos nós teremos, claro, mas devemos ter a certeza de que com Deus tudo podemos. Pois o que é impossível para os homens é possível para Deus.

E diz a palavra: "Tudo posso naquele que me conforta" **(Fl 4,13)**.

4
MÃE

A festa da Assunção de Nossa Senhora tem um significado e é de imensa importância na nossa vida. A Assunção de Nossa Senhora significa que Ela foi levada aos céus pelas mãos de Deus. Segundo a palavra, a Virgem Maria, "tendo completado o curso de sua vida terrena, foi assumida, de corpo e alma, na glória celeste". Ela foi levada pelos anjos e santos do Senhor e coroada como rainha do céu e da terra. E se transformou na nossa maior intercessora, pois Ela tem o coração de Mãe!

Nunca podemos nos esquecer de que o último gesto de amor realizado por Jesus, antes de morrer na cruz por nós, foi nos dar a sua Mãe. O Evangelho nos diz:

"**25** Junto à cruz de Jesus estavam de pé sua mãe, a
irmã de sua mãe, Maria, mulher de Cléofas, e Maria Ma-
dalena. **26** Quando Jesus viu sua mãe e perto dela o discí-
pulo que amava, disse à sua mãe: Mulher, eis aí teu filho.
27 Depois disse ao discípulo: Eis aí tua mãe. E dessa hora

em diante o discípulo a levou para a sua casa" **(Jo 19, 25-27)**.

Muitos de nós não sabemos valorizar o maior presente que Deus nos deu, esse a que chamamos de "Mãe"! Somos mal-agradecidos e por vezes ignorantes, achamos que as mães não nos entendem, achamos que são antiquadas. Achamos que as mães nos dão trabalho, que ficam no nosso pé o tempo todo, exigindo explicações.

Acredite, a sua mãe o entende. Na verdade, é você que não compreende seus motivos, não abre para ela um espaço na sua vida, não a ouve com os ouvidos do coração. Não acredito que uma mãe seja capaz de desejar o mal ao filho. Todas as vezes que a mãe diz "não", ela está desejando o bem. Mas o filho não entende, porque não era a resposta que queria ouvir.

Pare para pensar, procure refletir, relembre todas as situações da sua vida em que sua mãe disse "não faça", e você fez. O que aconteceu depois? Provavelmente um desastre.

Todas as vezes que escutar a palavra "não" da sua mãe, obedeça a ela, pois sempre quando lhe desobedecemos, a probabilidade de nos darmos mal é imensa.

Sabe o que você vai ser quando crescer? Também será pai, será mãe, será um exemplo. E é só através do exemplo que uma criança pode ser educada. O "não" significa que sua mãe não quer que você passe pelas mesmas situações que ela já passou. Esse caminho que você quer tomar não é sólido, ela já o trilhou e não foi bem-sucedida. Dizer sempre sim está longe de ser uma prova de amor.

Para crescer, precisamos lidar com os nãos. E tenha certeza de que as negativas mais amorosas que você ouvirá em sua vida decerto virão da boca de seus pais.

Hoje é difícil um filho honrar o pai e a mãe como deveria. É muito comum o filho não pedir mais a bênção aos pais. Isso parece tão careta, dá uma vergonha, não é? Todas as vezes que deixa de tomar essa atitude, você não está honrando seu pai nem honrando sua mãe; e pior, está cometendo um sério erro, o de não receber a bênção de Deus na sua vida.

Precisamos entender que cabe aos pais alertar: agora é tempo de construir e não de usufruir, construa agora e depois você usufruirá dos benefícios. O mal dos jovens é querer o contrário; eles querem usufruir daquilo que ainda não construíram. Aproveita, jovem, aproveita a vida com o seu pai e sua mãe agora, aprenda com eles, estude, comece a pensar em construir algo, aproveita essa chance que está tendo de conviver com seus pais para que depois, quando já tiver a sua vida estruturada, você possa ter condições de bater no peito e dizer: Posso me sustentar, tenho o meu emprego, a minha casa, a minha família, os meus pais me deram alicerce para eu construir a minha morada na rocha firme.

É tempo de viver a família!

Em Eclesiastes, há um trecho que nos diz que há um tempo para cada coisa, para cada coisa há um momento:

"2 tempo para nascer, e tempo para morrer; tempo
para plantar, e tempo para arrancar o que foi plantado; 3

tempo para matar, e tempo para sarar; tempo para demolir, e tempo para construir; 4 tempo para chorar, e tempo para rir" **(Ecl 3,2-4)**.

Mas você insiste em fazer tudo fora do tempo, insiste em fazer o seu próprio tempo. Escute a voz da sabedoria, a voz de Deus, que por muitas vezes é a voz dos nossos pais. Deus nos ama como um pai bondoso e uma mãe terna.

Repense um pouquinho sua vida, veja se está sendo um bom filho ou se está agindo como uma boa mãe, como um bom pai. O importante é refletir se você está fazendo de sua vida um bom exemplo para sua família.

Eu sempre digo: se você tiver que dar um presente a alguém que muito ama, seja você o presente! Esteja presente na vida de quem você ama! O maior presente que se pode dar a alguém na vida é ser presente. Eu tenho a filosofia de que quem dá presente é porque está ausente.

5
PAI

Deus nos ama. Ele ama até mesmo Seu filho mais perverso. Deus ama como um pai bondoso e uma mãe terna.

Imagino que a relação de Deus comigo e com você é exatamente a mesma relação que um pai tem com o filho.Vou contar uma pequena história como exemplo do que quero dizer. Um pai carinhoso chega do serviço e encontra a filha de três aninhos, que lhe diz: "Papai, quero brincar de pega-pega com você. O senhor sai correndo e eu vou te pegar". O pai corre, sabendo que a filha de três anos jamais vai conseguir alcançá-lo. Claro que isso seria impossível! Se ele levar a sério essa brincadeira, se correr a toda velocidade, ele tem certeza de que a filha não vai conseguir pegá-lo. Deus é assim, nós temos certeza de que, se a gente for atrás de Deus, se a gente quiser tocar em Deus, nós não vamos conseguir, porque Ele é muito mais do que nós, e nós somos pequenininhos. Não conseguimos alcançar Deus com as mãos, mas temos algo muito valoroso, muito maior que as nossas mãos, que é o nosso coração, e com ele nós somos capazes de chegar até os braços de Deus. Sabe como? Exatamente como faz aquela filha, aquela criança com o pai, depois que ela corre, depois que ela dá três, quatro, cinco voltas e não consegue alcançar o pai, o pai dá risadas e olha para ela, como quem diz: Você nunca vai conseguir me pegar, minha filha. Mas a criança olha para o pai com os olhinhos repletos de amor e pureza e diz: "Ah, pai...". O pai então se derrete todo, e em vez de a criança correr atrás do pai, é o pai quem corre atrás da filha. Porque os olhinhos daquela menina e o coração dela alcançaram o que suas mãos não foram capazes. O mesmo acontece em nossa relação com Deus.

O que a sua mão não alcança, o que os seus olhos não veem, o seu coração apanha. Use mais o seu coração. Assim você não apenas vai alcançar a Deus, como também alcançará as pessoas que estão longe. Por que você tenta com as mãos, mas não tenta com o coração? Use o seu coração para alcançar a sua família, use o seu coração para alcançar o seu esposo, a sua esposa, o seu filho, o seu amigo, use o seu coração para alcançar aonde a sua mão não chega, pois eu tenho certeza de que a partir do momento em que você começar a usar mais o seu coração, muitas coisas boas vão acontecer na sua vida, porque nossas mãos conseguem alcançar somente o poder, o dinheiro, o sucesso material, mas os bons sentimentos, o amor, a paz de espírito, só o coração alcança.

Não economizem amor, porque o amor é o único tesouro que se multiplica por divisão — quanto mais você dá, muito mais você recebe.

6
AMIGOS

Nós somos cercados por amigos durante toda a nossa vida: na infância, na adolescência, na vida adulta, na velhice. Temos amigos que nos acompanham pela vida inteira. Temos amigos da escola, da faculdade, do trabalho, temos amigos da igreja, amigos da rua. Enfim, temos amigos o tempo inteiro e precisamos deles.

Você sabia que pessoas que vivem cercadas de amigos tendem a sofrer menos de ansiedade e depressão? E pessoas que vivem isoladas sofrem três vezes mais?

Isso mesmo, todos nós precisamos de amigos. Você não foi feito para viver sozinho, por isso devemos levar muito a sério as amizades.

Hoje nós estamos conectados a tudo e a todos, e ao mesmo tempo estamos sozinhos. Por quê? Porque podemos ter mais de 5 mil amigos nas redes sociais, mas na verdade não temos nenhum que nos ajude quando as coisas dão errado. Temos centenas de pessoas que nos acompanham pelo Facebook, mas não temos ninguém que nos ajude quando estamos abatidos. Eu tenho a certeza de que você deve ter vários amigos que curtem e compartilham aquilo que você posta, mas não tem ninguém que o abrace quando você cai, e por que isso acontece? Acontece porque você está se esquecendo de cultivar relacionamentos verdadeiros.

Você tem que se lembrar de que você é gente, que você tem alma! Você tem que ter amigos para sair com eles, viver com eles, dividir tudo com eles. Você não pode ficar somente nas redes sociais, com aqueles que estão lá do outro lado da tela.

Hoje se fala tanto em crise, crise financeira, crise política... Mas na verdade estamos vivendo uma séria crise afetiva. Jamais fomos tão carentes de relacionamentos. Apesar de termos tantos instrumentos para nos unir às pessoas a distância, nunca se viu tanta gente depressiva, nunca nos sentimos tão sozinhos.

Aristóteles já dizia que a amizade é uma alma dotada de dois corpos, e a gente vê muito pouco disso hoje em dia. O mesmo filósofo também dizia que amizades verdadeiras são muito mais do que simplesmente amigos nas horas boas, amigos nas festas. Ele dizia: Amigos cuidam uns dos outros.*

E agora me diga: Onde você gasta a maior parte do seu tempo? No WhatsApp, no Facebook, no celular, no

* Aristóteles. *Ética a Nicômaco*. Trad. de Vallandro e Bornheim. São Paulo: Abril Cultural, 1973. Coleção "Os Pensadores".

computador? Um amigo é muito mais do que um conhecido. Um amigo é muito mais do que um contato. Um amigo é alguém que se alegra com a sua alegria e chora com a sua tristeza. E tome cuidado para não confundir as bolas. Às vezes a gente abre as nossas tristezas para quem não se alegra com as nossas alegrias. Para saber se alguém é seu amigo, ele precisa ficar feliz quando você se dá bem, precisa se sentir bem ao ver seu sucesso.

É com os verdadeiros amigos que aprendemos a diferença entre amar e gostar. Amar é querer bem, gostar é querer perto. Os amigos são aqueles a quem a gente ama e quer bem.

Jesus um dia chegou para os seus discípulos e lhes disse: "Já não vos chamo servos, porque o servo não sabe o que faz seu senhor. Mas chamei-vos amigos, pois vos dei a conhecer tudo quanto ouvi de meu Pai" **(Jo 15,15)**. Ele não queria chamá-los de servos, mas sim de amigos, porque o amigo sabe o que o outro irá fazer para semear essa amizade. Se você tem um amigo, ligue para ele agora e diga o quanto ele é importante na sua vida!

7
ESCOLHAS

Diz-nos o Evangelho que um jovem rico se encontrou com Jesus e lhe perguntou:

"**18** Bom Mestre, que devo fazer para possuir a vida eterna? **19** Jesus respondeu-lhe: Por que me chamas bom? Ninguém é bom senão só Deus. **20** Conheces os mandamentos: não cometerás adultério; não matarás; não furtarás; não dirás falso testemunho; honrarás pai e mãe" **(Lc 18,18-20)**.

Mas o jovem continuou a lhe perguntar:

"**21** Tudo isso tenho guardado desde a minha mocidade. **22** A estas palavras, Jesus lhe falou: Ainda te falta uma coisa: vende tudo o que tens, dá-o aos pobres e terás um tesouro no céu; depois, vem e segue-me" **(Lc 18,21-22)**.

O jovem, ouvindo essas palavras, retirou-se triste, porque possuía muitas propriedades. Ele queria alcançar o Reino dos Céus, mas seu coração não estava pronto para abrir mão de tudo que tinha conquistado na terra.

Jesus Cristo é assim, ou você é quente ou você é frio, porque os mornos Ele vai vomitar, nos diz a Palavra*.

O Senhor conhece os nossos corações, Ele nos sonda, nos conhece desde quando a gente levanta até a hora em que a gente deita. Ele sabe bem do que somos capazes.

Jesus nos dá a receita para levantar e andar quando caímos: "Vem e segue-me". Em outras palavras, Jesus está te dizendo: fique livre de tudo o que te atrasa, de te tudo que te traz maus sentimentos, abandone tudo que está te deixando doente, desanimado, estressado e venha me seguir, pois Ele irá fazer de você um novo homem, uma nova mulher. "Eis que eu renovo todas as coisas!" **(Ap 21,5)**. Lembra disso?

Veja, não dá para servir a dois senhores! Ou você escolhe Jesus Cristo para valer, aceita Jesus Cristo como único Salvador da sua vida, aceitando o seu Evangelho, ou então, mesmo que você faça caridade, mesmo que observe todos os mandamentos, ainda estará lhe faltando alguma coisa.

O jovem que interpelou Jesus foi embora abatido porque ele possuía muitos bens. E como é difícil mexer na ferida do ser humano, na nossa sensibilidade, no nosso orgulho, na nossa vaidade, afinal de contas são os nossos bens que nos dão destaque diante da sociedade, e se desfazer deles não parece justo. Sempre queremos fazer o que outros querem que façamos. Sempre queremos ser o que os outros ditam para nós.

Consideramos nossa vida com Deus uma existência sem percalços enquanto não precisamos nos desfazer de

* Ap. 3:16.

nada, mas a partir do momento em que precisamos abrir mão de algumas coisas que são passageiras na nossa vida para seguir Jesus Cristo... Ah! Aí a coisa começa a mudar de figura, a história começa a mudar de tom. Bom, nesse caso, vamos repensar. Será que não há um jeitinho?

Jeitinho? Lembre-se de que Jesus não nos quer mornos.

Ele diz hoje para mim e para você:

"**29** Em verdade vos digo: ninguém há que tenha deixado casa ou irmãos, ou irmãs, ou pai, ou mãe, ou filhos, ou terras por causa de mim e por causa do Evangelho **30** que não receba, já neste século, cem vezes mais casas, irmãos, irmãs, mães, filhos e terras, com perseguições e no século vindouro a vida eterna. **31** Muitos dos primeiros serão os últimos, e dos últimos serão os primeiros" **(Mc 10,29-31)**.

É por isso, meu irmão, que optar por Jesus Cristo deve ser uma aceitação responsável e livre, afinal Deus nos criou na liberdade, Deus te fez livre, e você escolhe o que desejar, mas, a partir do momento em que fizer essa escolha, você terá que assumi-la com muita responsabilidade, com muito compromisso.

Deus é maravilhoso para com todos nós, criou o mundo e nos deu 1 milhão de opções, e é por isso que, quando fazemos uma escolha, precisamos assumir esse compromisso com responsabilidade.

Se você quer seguir Jesus, siga-O para valer. Ele te promete muitas coisas já aqui nesta terra. As recompensas por tudo de bom que você deixar aqui lhe serão entregues ainda neste século, e multiplicadas por cem. Claro que o caminho muitas vezes não será fácil. Jesus faz questão de ressaltar isso. Quanto maiores os percalços, maior a recompensa e a garantia de ganharmos o Reino dos Céus.

A Palavra de Deus nos diz: "Pois que aproveitará ao homem ganhar o mundo inteiro, se vier a perder a sua vida?" **(Mc 8,36)**. De nada adianta escutarmos isso sempre e tentarmos viver de acordo com os preceitos da bondade se viramos as costas para as palavras que nos proporcionam uma vida realmente nova, uma conversão.

Glorifica a Deus enquanto você vive. É preciso ter essa consciência de viver a presença do Altíssimo na nossa vida para valer, sem medo, sem vergonha, com responsabilidade, com compromisso, com seriedade, com coragem. Muitos de nós ficamos em cima do muro.

A proposta de Deus para mim e para você é a seguinte: é preciso escolher, e escolher depende de nós. Ninguém escolhe nossos caminhos, ninguém escolhe por mim, é você que escolhe o rumo a trilhar em sua vida. Aquilo que você quer, é você que determina, que proporciona, que dá a palavra final. Se você não se acha preparado, é preciso se converter, é preciso abandonar os pecados, sair do caminho de tudo o que o afasta da presença de Deus. Claro que é difícil, é preciso adquirir essa consciência de que Deus nos criou para sermos felizes e quer que cada um de nós deixe tudo o que é velho para trás, que esqueça tudo aquilo que nos faz sofrer e assuma com responsabilidade a fé, a esperança.

8
OBEDIÊNCIA

A palavra "obediência" é difícil de ser aceita e, principalmente, de ser vivida. Porém, essa é a palavra de ordem de Deus para mim, para você, para todos os homens. Sempre que desobedecemos a Deus, nos damos muito mal. É como em todas as vezes que um filho desobedece a seu pai e a sua mãe e acaba sempre se prejudicando. Eu não conheço nenhum filho que tenha desobedecido aos pais e acabasse bem-sucedido.

Obediência é exatamente o que está faltando na nossa vida. Se afirmamos ser cristãos, a obediência precisa vir em primeiro lugar.

Se consideramos que nossa vida não está indo tão bem, um dos motivos para isso pode ser o fato de estarmos desobedecendo às ordens do Senhor. E o mais interessante é que Deus não determina nada que não esteja ao nosso alcance. A principal ordem Dele se resume em um único mandamento: "Amarás ao Senhor teu Deus de todo o teu coração, de toda a tua alma, de todo o teu espírito e de todas as tuas forças [...]. Amarás o teu próximo como a ti mesmo" **(Mc 12,30-31)**. E apenas isso. A caridade, o amor de Deus nos desafiam a viver plenamente esse mandamento maior.

Amar o próximo é desejar ao outro tudo aquilo que você deseja que aconteça a si mesmo. Sempre repito isso porque somos, como diz a própria Palavra de Deus, homens e mulheres de cabeça dura*. Parece que, quanto mais essa ordem do Senhor é lembrada, menos a gente obedece. Então, repito, a ordem do Senhor é esta: Ame. Tudo se resume em uma única frase: Amar a Deus sobretudo, e amar o próximo como a si mesmo. O dia em que você colocar isso como meta, como prioridade na sua vida, tudo se modificará, você experimentará a paz que vem do coração, e tudo à sua volta será transformado.

Então, a partir de hoje, coloque Deus em primeiro lugar na sua vida, e determine: Irei amar a Deus sobretudo, sobre todas as coisas, e respeitarei o meu próximo, ainda que seja inimigo, ainda que seja uma pessoa de quem eu não goste, com quem eu não me dê muito bem, vou amá-lo porque quero enxergar nessa pessoa uma criatura de Deus, um filho de Deus, como eu sou.

Na Bíblia temos várias passagens que nos relatam experiências de obediência e desobediência. Gostaria de citar especialmente uma delas, Jonas 3,1-4, em que, obedecendo a uma ordem do Senhor, o profeta Jonas vai até

* Ma 23,30.

a cidade de Nínive para evangelizar, para anunciar, para dar um recado: Se vocês não se converterem, essa cidade será destruída daqui a quarenta dias!

Essas palavras são um aviso do Senhor, como quem diz: Olha, acorda! É preciso se converter, a mudança é necessária e a conversão é uma transformação de vida, de atitude, de ação, de palavra, de comportamento. Ele quer nos dizer: Você está no caminho errado, está traçando sua vida de maneira torta. Então, tome cuidado, não é essa a vida que Deus deseja a cada um de nós.

O grande problema do ser humano é fazer as coisas apenas para ser admirado pelos outros, e a resposta para isso, não existe outra, é o nosso sofrimento, nossa infelicidade. Muitos vivem na hipocrisia, na mentira, na falsidade, vivem de aparências. Queremos mostrar quem somos, o que fazemos, que somos os melhores, quando na verdade somos todos o oposto disso. Não é esse o propósito de Deus para a nossa vida.

A primeira conversão é a do coração. Não adianta você estar limpo por fora, lindo e maravilhoso se está imundo por dentro, se o seu coração está fechado, cheio de ressentimento, de amargura, de sentimentos ruins. Nada disso adianta. O mal, diz a Palavra, não é o que entra na boca, mas é o que sai dela.

O sentido da conversão é muito simples. O primeiro passo é deixar de lado a hipocrisia. É necessário primeiro converter o coração, mudar as atitudes do seu dia a dia. É preciso também fazer penitência por nosso ressentimento, pelos maus pensamentos, pelo pecado, pelas más atitudes, pela falta de amor. Não nos amamos mais, não respeitamos mais as pessoas.

A todo momento a Palavra de Deus nos diz com muita clareza que esse caminho está errado, que nossa atitude está errada, que o nosso comportamento não é o certo. Insistir nesses erros gerará apenas infelicidade. Temos que buscar a conversão, a mudança. Se isso não acontecer, o problema não será de Deus, mas sim nosso. Somos nós que sofreremos. Pense: 99,9% do nosso sofrimento acontece por nossa própria culpa, nós que escolhemos trilhar esse caminho. Deus não pode ser culpado por nossas transgressões, por nossas escolhas.

É preciso pedir a Deus sabedoria para tomarmos nossas decisões, e é preciso assumir com responsabilidade os compromissos, principalmente os erros que cometemos porque não ouvimos a ordem do Senhor, porque queremos fazer as coisas do nosso jeito, sem consultar a vontade e o jeito de Deus.

Deus nos criou para sermos felizes, e não quer ver nenhum filho seu sofrendo, triste, amargurado, preso. Cristo nos libertou. Ele já tomou para si todas as nossas dores e nos salvou. Ele foi pregado na cruz para nos libertar de tudo isso, de todo o pecado, de todo o mal, de toda a maldição. Cristo quer nos libertar, mas muitas vezes você não quer ser libertado, você não se mostra disponível, nós sabemos disso, você não quer se libertar, você se sente amarrado. Corte essas amarras, meu irmão, minha irmã, liberte-se. Pode parecer difícil, mas para ser feliz a primeira coisa a fazer é se libertar daquilo que nos aprisiona: o dinheiro, o poder, a vaidade, a inveja, a ganância. É preciso nos livrar de todos os ressentimentos, medos, esses sentimentos que atrasam sua vida.

Obedeça à voz de Deus sempre. Ninguém erra por obedecer. Tape seus ouvidos para a voz do mal que tantas vezes nos chega através dos falsos amigos, através daqueles que ficam o tempo todo destruindo nossa confiança. Não dê ouvidos às vozes negativas da sua vida e escute atento a voz do Senhor, que sempre quer o melhor para mim e para você. Ele disse: "Eu vim para que as ovelhas tenham vida e para que a tenham em abundância" **(Jo 10,10)**.

9
VITÓRIA

Quando Deus quer, ninguém O segura. Você conhece a minha história, de onde eu vim, como cresci, as dificuldades que enfrentei em toda a minha trajetória, porém, quem me segurou foi Deus. Foi Deus que quis que hoje eu pudesse passar para você esta mensagem: Quando Ele quer, ninguém O segura.

Quando Deus quer, a vitória é certa. Profetize isso todos os dias da sua vida: Quando Deus quer, ninguém O segura.

E sabe o que Deus quer para a sua vida? Deus quer felicidade, alegria, reconciliação, perdão, amor, paz, vitória. É o que Ele quer para mim e para você. Deus quer que sejamos felizes. Ele nos fez para sermos felizes.

Repita todos os dias da sua vida com muita fé: Quando Deus quer, ninguém O segura. Assim como ninguém segura a alegria de viver de cada um de nós. Jamais permita que a sua tristeza seja maior do que a sua alegria, do que a alegria que Deus deseja para a sua vida.

Seja feliz, esse é o desejo de Deus para mim e para você. E você pode me perguntar: Padre, eu quero viver isso, como faço? Eu já disse várias vezes e vou repetir: Dê o primeiro passo! Porque é impossível esperar resultados diferentes em sua vida se você continuar cometendo os mesmos erros e fazendo tudo sempre igual. Você precisa fazer diferente, pois Deus não vai mudar sua vida se você não mudar primeiro, se você não mostrar que está disposto a ver o mundo e a agir de uma nova maneira, a buscar novos caminhos, demonstrando que está pronto para vencer as dificuldades que certamente você tem na sua vida, porque Deus está com você, e com Ele a vitória é certa. Não adianta clamar a Deus, revelando as suas misérias e esperando que logo pela manhã toda dificuldade tenha desaparecido. Você tem que mostrar a Ele a sua disponibilidade para enfrentar os obstáculos, assim sentirá a mão Dele sustentando a sua e terá a certeza de que Ele caminha com você, carregando-o nos braços nos momentos mais complicados.

Os desafios são difíceis, mesmo assim devemos superá-los. Para colher, é preciso plantar. Se você plantar o amor, vai colher amor. Se plantar o perdão, perdão você colherá. Se na sua vida você plantar todos os sentimentos de Deus, você vai colher tudo e muito mais.

É preciso lutar pelo que amamos e sempre lembrar que há um tempo para cada coisa, como nos diz a Palavra. E, como também já sabemos, o tempo de Deus não é o nosso. Há sempre tempo para recomeçar, para se dar uma nova chance, acreditar em si mesmo, e nunca esquecer que é preciso confiar em Deus. Porque tudo posso naquele que me fortalece, e o que somos sem Jesus? Nada, nada, nada.

10
PROSPERIDADE

A Palavra nos narra diversas ocasiões em que Jesus e seus discípulos pescaram juntos, tanto antes quanto depois da ressurreição.

Antes da ressurreição, há uma passagem no Evangelho segundo São Lucas, 5,1-11, que nos diz que os pescadores tentaram durante a noite inteira e não conseguiram pescar nada, e então, voltando de manhã logo cedinho, começaram a lavar as redes.

E após a ressurreição, na terceira aparição de Jesus, quando Simão, Pedro, Tomé, Natanael, os filhos de Zebedeu e outros homens estavam reunidos nas areias do mar de Tiberíades, de repente Pedro disse: "Vou pescar". Os outros imediatamente concordaram: "Vamos contigo, Pedro!". E todos entraram no barco, porém nada pescaram. Que desesperança!

Muitas foram as experiências dos discípulos quando saíam para pescar com Jesus. Naquele tempo, uma das profissões mais importantes era a de pescador, muito embora não fosse uma ocupação valorizada. E, em todas as passagens, os discípulos não fisgaram um único peixe, e mesmo sem pescar nada, na volta às areias, era preciso lavar as redes. E os Evangelhos nos dizem exatamente isso: eles foram lavar as redes porque não tinham apanhado nada. Lavar as redes, meus irmãos, minhas irmãs, é um sinônimo de desânimo.

Quantos de nós estamos desanimados, deprimidos, tristes por não ter conseguido atingir determinado objetivo? Todas as vezes que não conseguimos alcançar uma meta na nossa vida, ficamos tristes, isso é normal. É muito frustrante quando você tenta fazer alguma coisa e não consegue. Como é triste perder! Por outro lado, você fica muito feliz quando vai em busca de um objetivo, tenta fazer alguma coisa e é bem-sucedido.

Os pescadores, quando saem para pescar, vão na expectativa de conseguir apanhar muitos peixes. Ninguém se lança ao mar para voltar de mãos vazias. Ninguém vai em busca de um objetivo na intenção de não alcançá-lo. Talvez você tenha vivido essa experiência e sabe o quanto é frustrante. Os pescadores saíam na época de Jesus, e até hoje saem com uma grande expectativa, tentando ganhar o pão de cada dia, e muitas vezes no final do dia voltam de mãos abanando. Dá para sentir a decepção, a imensa tristeza de chegar depois de um dia de trabalho árduo, encarar aqueles que o esperam e não ter seu esforço recompensado.

Quantas vezes em nossa vida saímos para pescar e nada conseguimos. Então, lavamos as redes, desanimados, cansados porque não pegamos nada, absolutamente nada. Esmorecidos, ficamos olhando o vazio, nenhuma porta se abre, nenhuma luz clareia o enorme escuro. E de repente Jesus aparece!

E Ele nos fala, assim como disse aos discípulos: "Faze-te ao largo, e lançai as vossas redes para pescar" (**Lc 5,4**). Vão lá, saiam da margem, porque aqui vocês não vão conseguir pegar nada, o peixe bom está lá no meio. E nós, como um de seus discípulos, perguntamos: "Mestre, trabalhamos a noite inteira e nada apanhamos" (**Lc 5,5**).

Quantas vezes somos desmotivados pelo desânimo, não conseguimos nada, tudo está difícil, e nossa única reação é reclamar. E então vem um amigo e nos diz para voltar e tentar de novo; porém respondemos que não, que não vai dar certo, porque já tentamos a noite inteira, nada conseguimos e não será agora que vamos ter sucesso. Jesus é esse amigo que diz para dessa vez você fazer o contrário, para sair e lançar a rede no meio do oceano, pois é lá que está o sucesso.

É preciso, meus irmãos e minhas irmãs, sair das margens dos nossos problemas, nos lançar mar adentro, ir para o meio do oceano, avançar para as águas mais profundas, buscar outros caminhos e descobrir a raiz desses problemas, descobrir o porquê de não conseguirmos respostas, o motivo pelo qual nossos planos não deram certo, e refazer nossos passos, buscar respostas diferentes e dessa vez seguir pelo caminho correto. Talvez esse não seja o trajeto mais fácil, porém é o certo.

Um dos pescadores diz para o Senhor: "Mestre, trabalhamos a noite inteira e nada apanhamos; mas por causa de tua palavra, lançarei a rede" **(Lc 5,5)**. E para a surpresa de todos, ele consegue apanhar tantos peixes que os barcos, de tão cheios, pareciam prestes a afundar, e foi preciso que chamassem os amigos para ajudá-los a carregar o restante.

O discípulo confia e obedece. É preciso confiar em Deus e obedecer a Suas palavras! O resultado não será seu, será de Deus. Todas as vezes que você obedecer a Deus, confiar Nele, e fizer a sua parte, o resultado virá, e esse resultado será de Deus! Ele te ama, você foi criado para ser feliz, Ele está do teu lado. Você que tem tentado e nada tem conseguido, diga ao Senhor hoje: "Senhor, em atenção à Tua palavra, vou tentar de novo. Em atenção à Tua palavra, vou tentar mais uma vez, porque até o momento, reconheço que tudo o que fiz em minha vida foi longe de Ti, Senhor, longe da Tua vontade, longe do Teu desejo. Agora sei em quem devo depositar a minha confiança. Vou lançar a rede, vou tentar de novo, vou correr atrás e vou conseguir, porque o Senhor está comigo!".

Qual foi o resultado que Jesus Cristo ofereceu para os discípulos naquele dia em que tentaram a noite toda, sozinhos, e nada conseguiram? Quando eles encontraram Jesus, ouviram a sua voz, obedeceram e confiaram, tudo se realizou. Eles obedecem a Jesus, confiam Nele, e o resultado surge. É exatamente o mesmo que acontece conosco. Perdemos um tempão em busca de outras coisas e deixamos para recorrer a Deus como último recurso, quando já estamos desesperados. Porém, na verdade é preciso recorrer a Deus logo de imediato, sabe por quê? Porque o dia em que você recorrer a Deus antes de qualquer outra coisa, muitas coisas boas acontecerão na sua vida.

Você não perderá tempo se estiver atento à Palavra de Deus, que diz: "Buscai em primeiro lugar o Reino de Deus e a sua justiça e todas estas coisas vos serão dadas em acréscimo" **(Mt 6,33)**. O dia que Jesus for prioridade, for o centro, o elemento principal, a peça mais importante do barco da sua vida, você vai viver uma experiência onde tudo o mais lhe será acrescentado. Você não vai perder tempo de forma alguma, porque vai escutar a Palavra de Jesus, ouvir a Sua voz, os Seus conselhos.

Por que muitas vezes temos a sensação de que não conseguimos nada na nossa vida? Por que não escutamos a voz do Senhor? Por que só escutamos a voz do mundo, dos outros, do mal? Talvez porque buscamos sempre o mais fácil, sentimos necessidade de ser o retrato dos outros, precisamos da aprovação das pessoas que nos rodeiam. E a voz do mundo sempre nos parece ser a mais clara, temos a impressão de que o mundo "fala a nossa língua".

É assim a nossa vida sem Jesus Cristo. Porém, tudo pode ser bem diferente se consultarmos Jesus antes de pedir conselhos para qualquer outra pessoa, seja ela um amigo, a sogra, a esposa, o marido, o chefe... Pois Jesus nos disse: "Eu sou a luz do mundo; aquele que me segue não andará em trevas, mas terá a luz da vida" (**Jo 8,12**).

O nosso pior defeito, meus irmãos e minhas irmãs, é procurar todo mundo primeiro e por último Deus. É esperar respostas diferentes mesmo fazendo tudo igual. Prestem atenção em como fazemos tudo errado em situações simples e corriqueiras. Se você amanhece com uma dorzinha, mais que depressa uma pessoa recomenda um remédio que é bom, um chá que é tiro e queda. E você toma o remédio uma, duas vezes, bebe o chá por dias seguidos, mas a dor continua. E chega então o momento em que ela se agrava e você se vê obrigado a ir ao médico, e ele lhe pergunta por que não o procurou antes. Sempre é mais fácil tratar qualquer enfermidade quando está no começo. No início, as probabilidades de cura são sempre maiores. Ora, você precisa ir ao lugar certo, consultar a pessoa certa, um profissional adequado, antes de tomar qualquer decisão na sua vida.

Eu o convido a consultar o médico dos médicos, Jesus Cristo, e Ele vai guiá-lo, Ele lhe mostrará o caminho, lhe dirá o que é certo e o que é errado! Porque só Jesus pode fazer isso por você. Ele nos ama a ponto de ter dado Sua vida por mim e por você, e de uma maneira muito cruel, pregado em uma cruz. Isso sim é prova de amor! E é por Ele ter morrido e ressuscitado que devemos acreditar que Ele nos ama para valer, que nos deseja todo o bem.

Deus não nos criou para a tristeza, nem para a angústia e a depressão. Ele nos criou para que tivéssemos a vida em abundância, em toda a sua plenitude! A Palavra de Deus é muito clara: "Em nenhum outro há salvação, porque debaixo do céu nenhum outro nome foi dado aos homens, pelo qual devamos ser salvos" **(At 4,12)**. Somente pelo nome de Jesus Cristo!

É o Senhor quem faz, quem realmente transforma a nossa vida para melhor quando estamos cansados, deprimidos, derrotados, angustiados, porque já tentamos por uma noite inteira, um dia todo, uma semana, um mês ou mesmo anos, seja lá o tempo que for, porque o tempo não é meu, nem seu, o tempo é de Deus. O tempo pertence ao Senhor e na hora certa Ele irá aparecer.

Essa hora chegará quando você reconhecer que Ele é o Senhor, Aquele que não o deixará passar fome, não o deixará a noite inteira sem pescar nada. Quando Deus aparecer e você reconhecer que Ele é o Senhor, Ele dará a ordem, lhe mostrará o caminho e lhe dirá o que deve ser feito.

Como resultado, tudo de melhor virá em grande quantidade, porque Deus é grande, Ele também o criou para ser grande, para ser feliz, para ser um homem realizado, uma mulher realizada. Deus deseja para mim e para você tudo de bom, tudo de melhor. Tome posse dessa Palavra.

É preciso que tomemos o cuidado, todos os dias de nossas vidas, de prestar bastante atenção em tudo o que Jesus tem nos reservado, tudo que Ele tem nos apresentado e que nós não temos enxergado. Eu te digo, meu irmão, minha irmã, enquanto você não se encontrar com Jesus, os resultados satisfatórios não abundarão em sua vida.

Se você proclamar na sua vida hoje, convicto de que é preciso confiar no Senhor, de que é preciso ter Deus como meta, de que é preciso colocar Jesus Cristo como prioridade dentro da embarcação da sua vida, eu me darei por satisfeito e os seus desejos serão alcançados.

Se Jesus estiver fora do barco da sua vida, ele irá afundar e você não pescará nada. Seus esforços serão em vão. Porém, se Jesus estiver dentro da embarcação da sua vida, podem vir os ventos, as tempestades, as chuvas, e sua barca jamais afundará, porque Jesus Cristo está no controle, Ele está dentro dela.

Devemos ter fé, acreditar nos nossos objetivos, porém só isso não basta, precisamos aprender a esperar pelo momento certo. Não é quando eu quero, não é quando você quer, mas sim quando o Senhor chega e diz: "Filho, filha, é agora. Lança a tua rede, é chegada a hora. Vá para alto-mar e lança a tua rede".

Coragem! Deus está com você! Nunca desista de nada só porque é difícil de ser conquistado. Conquiste com o Senhor, profetize em nome do Senhor. Quem está com Ele jamais perde, apenas ganha, porque o Senhor deseja que sejamos vitoriosos. Sempre! Profetize na sua vida a palavra que diz: "Eis que eu renovo todas as coisas!" **(Ap 21,5)**.

11
PRESENTE

Passamos dias andando de um lado para o outro procurando coisas que nos satisfaçam, que saciem nossa sede e nossa fome. Hoje alcançamos algo, amanhã essa mesma coisa já não nos satisfaz mais. Tantas lutas e tantos desejos se tornam insignificantes quando temos o alvo em nossas mãos. Será que a busca em si é o que nos move para a frente? Você de fato acredita que apenas o desafio de ter alguma coisa é que dá sentido à sua vida?

A Palavra de Deus nos diz: "[...] porque sem mim nada podeis fazer" **(Jo 15,5)**. Não será o vazio de procurar razões que justifiquem seu levantar todos os dias que tem tornado sua vida tão sem sentido? Não adianta lutar, trabalhar, fazer e acontecer se algo está faltando em você mesmo. Você não vai caminhar, ficará parado, dando voltas e voltas no mesmo lugar. Porque só Deus nos faz totalmente felizes, só Ele nos realiza.

Só perto de Deus você será uma pessoa feliz e realizada. O dia em que você envolver Jesus em seu relacionamento, na sua família, no seu trabalho, tudo será diferente. Por quê? Porque veja só que coisa interessante: "Se permanecerdes em mim, e as minhas palavras permanecerem em vós, pedireis tudo o que quiserdes e vos será feito" **(Jo 15,7)**.

Lembre-se: A Palavra nos revela também que todas as vezes que buscamos a Jesus Cristo, colocando Deus em primeiro lugar, tudo nos será dado. Resumindo: Quer ser feliz? Tenha Jesus Cristo. Quer resultados diferentes na sua vida? Faça a diferença, dê o primeiro passo, seja corajoso, saia do comodismo, da mesmice, se proponha a fazer a diferença, aí mesmo onde você está agora. Renove seus hábitos, engrandeça suas atitudes, doe-se!

Meu irmão e minha irmã, vocês querem viver uma vida diferente? Coloquem Jesus Cristo, coloquem Deus na frente de seus projetos, diante de seus sonhos. O dia em que experimentarem esse Deus para valer, experimentarem esse Jesus Cristo, de quem já ouviram falar tantas vezes, descobrirão a cada dia a receita da felicidade plena, sem cobranças nem obrigações.

A cada dia você descobrirá que para ser feliz é preciso se entregar por completo a Jesus Cristo, em suas palavras, obras e pensamentos. É preciso que Deus esteja presente na sua vida. Deus nos dá a receita da felicidade, e ela é alcançada pela fé. A felicidade vem de Deus e está em Deus. E nós somos os filhos de Deus, somos os ramos da árvore verdadeira, a árvore da vida, e só daremos frutos se estivermos com Ele.

Para dar esses frutos, é necessário viver como Jesus vivia e nos ensinou, praticando a caridade, a disponibilidade, olhando nos olhos do outro sem julgamentos, enxergando em cada um deles o próprio Cristo, oferecendo um copo de água, um ombro amigo, um aperto de mão. Procure se lembrar de que fomos criados à imagem e semelhança de Deus, então, não há como saber se aquele que hoje passou por você na rua, enquanto estava apressado e não lhe deu atenção, era ou não o próprio Jesus, esperando por seu abraço de reconhecimento.

Quer ser feliz, meu irmão? Quer ser uma mulher realizada, minha irmã? Faça a diferença, seja todo de Jesus Cristo, permita-se ser corrigido em algumas situações da sua vida que só você sabe quais são, reconheça que está no caminho errado, com a pessoa errada, no lugar errado, mas que, por orgulho, vaidade, você não quer sair de onde está. Você quer acertar, fazer o certo, mas continua com o pé no errado, insistindo num caminho vazio, sem volta.

Não dá para ser morno. A palavra de Deus diz que temos uma escolha a fazer, temos que ser quentes ou frios. Não existe meia felicidade, nem meia tristeza. Com Jesus não existe nada pela metade. Ele é categórico: tudo que você pedir, tudo o que quiser lhe será dado.

Peça a Jesus Cristo hoje uma excelente família, discernimento para reconhecer aquilo que pode ser mudado em sua vida e aceitar tudo que for da vontade do Pai. Deus criou você para ser um exemplo para seus irmãos. Deus deseja que você seja um exemplo como foi São José, um modelo de pai de família, de trabalhador, de cristão, firme em suas atitudes e cumpridor da vontade de Deus.

Hoje em dia, é comum as pessoas falarem que é muito difícil encontrar um bom emprego, entretanto, muitas vezes buscamos apenas alguma ocupação que nos ofereça o melhor salário diante do menor esforço. Entretanto, para ser bem remunerado, é preciso fazer por merecer. Se você não estudou, se não foi em busca de um aperfeiçoamento, se não se qualificou, você está parado no tempo, e sinto muito em dizer que vai continuar nessa estagnação, porque a vida anda cada vez a passos mais rápidos. Não existe tempo para atrasos.

Agora começa a colheita do que você plantou. Há muitos jovens que vivem durante anos sob a proteção dos pais. Eles lhes pagam tudo e lhes dão tudo o que há de melhor. E esses jovens não estudam, passam o tempo todo no Facebook, na internet. Esses jovens se esquecem de construir e, em um futuro próximo, não terão o que usufruir. É preciso aprender esta lição o quanto antes: Existe o momento de construir e o momento de usufruir. Em qual momento da sua vida você está?

É preciso construir hoje para usufruir amanhã, em vez de ficar colocando a culpa em Deus, no presidente, nos políticos, no país. É tão simples encontrar culpados pela nossa fraqueza e pela nossa preguiça, quando na verdade o culpado somos nós mesmos. A felicidade é responsabilidade de cada um. Temos que agir como construtores responsáveis por nosso próprio caminho.

O ritmo das suas vitórias quem determina é você. É você quem escolhe em quanto tempo vai alcançá-las. Isso depende apenas do seu empenho. Você escolhe o caminho e, para acertar, tem que acompanhar a realidade, tem que prestar atenção no que está acontecendo à sua volta, tem que correr atrás das oportunidades e abrir novas possibilidades.

É preciso fazer diferente. Faça a diferença e Deus irá ajudá-lo. Ele lhe dará um empurrãozinho. Ele abrirá as portas, mas é você que tem que escolher, é você que deve enxergar o caminho. Levante-se, arregace as mangas, vá à luta, não fique olhando para o céu esperando que Deus acenda luzes de néon nas respostas certas para sua vida. Mesmo porque, se Ele fizer isso e por acaso não indicar o caminho que você quer, você não irá segui-lo.

Entregue sua vida para Aquele que escolheu você por amor. Vá à luta, meu irmão, minha irmã, levanta do seu comodismo, da sua cama, do seu sofá, saia da frente do computador, da televisão, e vá em busca daquilo que lhe foi prometido, a vida plena e abundante. Coloque Deus na frente, profetize no nome de Jesus Cristo que a vitória irá acontecer.

Tome posse da promessa: "Se permanecerdes em mim, e as minhas palavras permanecerem em vós, pedireis tudo o que quiserdes e vos será feito" **(Jo 15,7)**. Deus o abençoará rica e abundantemente, e lhe deixará cheio do Espírito Santo de Deus. Ele lhe preencherá com muita sabedoria para que possa ser realmente uma pessoa diferente, para que saia do comodismo, do caminho errado, e comece a dar passos na direção certa.

Deus irá ajudá-lo, ainda que você sofra, tenha tribulações, encontre dificuldades no meio do caminho, encontre pedras, e a gente as encontra mesmo, tudo vai depender de como você vai retirar esse percalço do seu caminho. O joalheiro pega uma pedra bruta e a transforma em uma joia preciosa. Davi com uma pedra matou Golias. Michelangelo com uma pedra fez uma linda estátua. Com uma pedra, o artesão faz um lindo banco.

Mas e você? O que você está fazendo com a pedra que está no seu caminho? Você pode fazer muitas coisas, a decisão é sua. Aquele que acredita em Deus sabe que, quando Ele tira uma coisa boa das nossas mãos, é porque precisa deixá-las livres para receber algo melhor. Estejamos então preparados, com o coração puro e as mãos livres, para receber os presentes de Deus.

12
FUTURO

Vivemos em um tempo de velocidade. As tecnologias dominam a nossa vida. As famílias, entretanto, encontram-se afastadas. Os pais estão sempre distantes dos filhos, ignorando-os e sendo ignorados por eles. Estamos num tempo em que acreditamos que somos capazes de viver sozinhos. Acreditamos que ser independente é estar só. Apostamos que a felicidade está contida apenas em fugazes momentos alegres, nos sendo servida a conta-gotas.

Talvez por isso cada um de nós acredite nas suas próprias verdades, na capacidade de fazer as coisas acontecerem no nosso próprio tempo e, assim, vivemos sempre insatisfeitos, reclamando, ocos. Sentimos constantemente falta de algo, estamos sempre incompletos. Nossas conquistas não são capazes de nos realizar, talvez porque nossas atitudes sejam vazias.

Passamos nosso tempo nesta vida construindo nosso castelo sobre uma duna, fortalecendo o egoísmo dentro da nossa alma, esquivando-nos de relacionamentos profundos, fugindo da entrega total. Queremos muito, mas não estamos dispostos a oferecer nada. Convido você a refletir: "Quem nele crê não é condenado, mas quem não crê já está condenado; porque não crê no nome do Filho único de Deus" **(Jo 3,18)**. Existe um julgamento, um julgamento para mim e para você nessas palavras, é um aviso. Em outra Palavra Sagrada há a resposta para esse julgamento:

"**19** [...] a luz veio ao mundo, mas os homens amaram mais as trevas do que a luz, pois as suas obras eram más. **20** Porquanto todo aquele que faz o mal odeia a luz e não vem para a luz, para que as suas obras não sejam reprovadas" **(Jo 3,19-20)**.

Sabemos que Deus reprova o mal, que Ele reprova todas as coisas ruins. Jesus Cristo é a luz. Se praticarmos a verdade, vamos para a luz, vamos para perto de Jesus. E essa luz é tudo o que queremos, para que as nossas obras feitas em nome de Jesus se tornem claras. Jesus utiliza-se de toda a sua clareza quando quer nos ensinar alguma coisa, mas, na maioria das vezes, somos nós que não queremos entender.

Gosto muito da pedagogia de Jesus, da forma como nos ensina as coisas. Ele esclarece Seus ensinamentos de maneira simples, em forma de histórias, confrontando-os com situações do nosso dia a dia. Jesus utiliza-se de metáforas, ou seja, de comparações. Com Sua voz suave, imagino, ficava horas ensinando, e seus educandos ficavam horas ouvindo, procurando entender as mensagens que lhes vinha de forma tão pura, singela, capaz de entrar e tocar fundo na alma.

Jesus nos ensina sob a forma de metáforas, como quando diz que Ele é o pastor que conduz as suas ovelhas, que Ele é a água viva e quem beber dessa água nunca mais terá sede. Ele proclama: "Eu sou o caminho, a verdade e a vida; ninguém vem ao Pai senão por mim" **(Jo 14,6)**. Jesus diz que Ele é a ressurreição e quem Nele crê, ainda que esteja morto, viverá. E essas são apenas algumas das inúmeras comparações que fazem parte da educação que Jesus generosamente nos oferece.

Porém, para mim, a comparação mais perfeita realizada por Jesus é a seguinte: "Eu sou a luz do mundo; aquele que me segue não andará em trevas, mas terá a luz da vida" **(Jo 8,12)**. Sou apaixonado por essa passagem. Olha que impressionante: se apagarmos as luzes do lugar onde estamos agora, se faltar energia, tudo ficará numa escuridão total, não é mesmo? Mas se, ao apagarmos as luzes, acendermos somente uma vela, mesmo você estando distante da chama, de onde estiver, conseguirá enxergar essa luz. Mesmo que esteja lá no fundo e veja um foco de luz fraco e tremulante, o que acontecerá? Como você está na escuridão, será guiado por aquela chama.

Essa luz será o seu ponto de referência. Você caminhará, um passo após o outro, em sua direção. Você se aproximará dela e tudo à sua volta clareará. É assim quando buscamos Jesus. Quanto mais nos aproximamos Dele, quanto mais perto da luz nós chegamos, mais claro tudo fica. Porém, quanto mais longe da luz, quanto mais longe de Jesus, mais escuro se torna o nosso caminho.

Sabe por que você não está conseguindo resolver nada na sua vida, por que não consegue respostas e tudo parece estar dando errado? Porque você está perdido na escuridão, de modo que não consegue enxergar. E quando não conseguimos ver, duas coisas acontecem. A primeira é que corremos o risco de cair, podendo chegar até mesmo a sofrer consequências graves. A segunda é que essa cegueira pode fazer com que a gente se sinta isolado, abandonado, com medo, sem encontrar a saída.

É isso o que acontece com cada um de nós quando estamos longe da luz, longe de Jesus Cristo. Tudo fica mais escuro, não conseguimos tomar decisões, não sabemos o que fazer nem que caminho seguir. Quando você se aproxima de Jesus, você se aproxima da luz, e tudo se torna mais claro, mais brilhante. As coisas de Deus são tão simples, não precisam de maiores explicações.

Decoramos tantas coisas ao longo da nossa vida: música, telefones, trechos de filmes e livros. Decoramos um monte de coisas mundanas, enquanto parece que não conseguimos decorar as coisas de Deus. Sabe qual é o livro que deveria estar na sua cabeceira? A Bíblia. Para ler, reler, conhecer. Muitos, por outro lado, sabem de cor as palavras da Bíblia, mas será que eles as colocam em prática? As palavras da Bíblia desejam o melhor para você.

O Senhor nos diz: "Provai e vede como o Senhor é bom, feliz o homem que se refugia junto dele" **(Sl 33,9)**.

Pense bem: para você saber se Jesus realmente é bom, precisa provar, conhecer, deixar-se guiar pela luzinha lá no fundo. É isso que nos diz essa passagem da Bíblia. Viu como é simples? Para que esse receio? O que o impede?

Se você ainda não provou da experiência de Deus na sua vida, não seja ignorante e não diga bobagens. Porque o dia que você provar, experimentar realmente Deus, como eu tantas vezes já experimentei, saberá como é bom provar e ser feliz, porque encontrará Nele o seu refúgio.

Ofereça a Deus o mínimo da sua fé, ainda que ela seja do tamanho de um grão de mostarda. Deixe Deus multiplicar as graças na sua vida; mas para que essa multiplicação aconteça, é necessário que você tenha algo para oferecer.

Deposite em Deus toda a sua confiança. Os seus pedidos serão ouvidos se depositados com confiança, pois assim nossa vida será sempre uma existência realmente transformada. O Senhor quer mudar nossa vida e nossa história. Deus tem algo muito especial para nós. Ao ouvir Seu chamado, lembre-se de que existe uma única certeza: o homem decepciona. Jesus Cristo, por sua vez, jamais nos decepciona.

Jesus não vai decepcioná-lo. Ele veio para que todo aquele que Nele crê não sofra, não pereça, mas tenha a vida em abundância, em toda a sua plenitude. Quando você tem Jesus Cristo, todos os seus problemas são como uma gota d'água no oceano! Lembre-se: Diga para o seu grande problema que o seu Deus é muito maior que ele. Revigore-se! Refresque-se na fonte da água viva.

A Palavra do Senhor nos diz: "O que é impossível aos homens é possível a Deus" **(Lc 18,27)**. Levante-se, tome as rédeas de sua vida. Tome uma atitude, tenha coragem, faça a diferença, dê o primeiro passo, faça aquilo que deve ser feito, faça a sua parte! Pare de sofrer, não se preocupe com o que vão pensar, não se preocupe com o que vão falar. Só se preocupe em ser feliz, em se tornar um homem realizado ou uma mulher realizada, abra as portas da sua alma e vá lá fora sentir a chuva, dê a si mesmo a oportunidade de ouvir o vento, ver as flores crescendo. Dê-se o direito de ser criança mais uma vez. Silencie a voz do mundo. A felicidade plena é o projeto do meu Deus na minha vida, e acredito que na sua também.

13
ALEGRIA

Não perturbe seu coração nem se atemorize. Não se preocupe. Jesus Cristo nos diz: "Aquele que tem os meus mandamentos e os guarda, esse é que me ama. E aquele que me ama será amado por meu Pai, e eu o amarei e manifestar-me-ei a ele" **(Jo 14,21)**. Não se preocupe, não tema, guarde essas palavras, procure vivê-las, coloque-as em prática.

Se você pratica tudo que Jesus nos ensina, não há motivos para se preocupar, porque Deus fará do nosso coração a Sua morada a partir do momento em que guardarmos a Sua palavra na nossa vida. Não haverá nenhum motivo para temer nem nenhuma preocupação, porque aquele que tem a presença de Deus na sua vida não está só, jamais está desprotegido.

Aquele que confia sabe a quem se entregou. Como o apóstolo Paulo afirma: "Sei em quem pus minha confiança" **(2Tm 1,12)**. Se você tomar a Palavra de Deus, proclamá-la, ouvi-la com o coração, descobrirá que o dom maior é perseverar no amor de Cristo, conforme Ele nos falou:

"**9** Como o Pai me ama, assim também eu vos amo. Perseverai no meu amor. **10** Se guardardes os meus mandamentos, sereis constantes no meu amor, como também eu guardei os mandamentos de meu Pai e persisto no seu amor. **11** Disse-vos essas coisas para que a minha alegria esteja em vós, e a vossa alegria seja completa" **(Jo 15,9-11)**.

O que Jesus Cristo está dizendo é que, para que a nossa alegria seja completa, é preciso que obedeçamos à sua Palavra. É preciso que Ele esteja em nós. Encontramos muitas pessoas que se dizem alegres, que cantam aos quatro cantos como são felizes e como estão realizadas, mas não são alegres por completo. Conforme já repeti várias vezes, não existe felicidade sem Jesus Cristo.

Ainda que você seja o homem mais importante, o profissional mais bem-sucedido, ainda que seja famoso, bonito, ainda que tenha muito dinheiro e muito poder, você pode até transparecer aos outros uma felicidade, mas ela será passageira, porque, sem a presença de Jesus Cristo de forma plena na sua vida, a sua alegria não será completa.

Para que a nossa alegria seja perfeita, é preciso que Jesus Cristo esteja em nós. Porém, muitas pessoas se enganam quanto à presença de Jesus em sua vida, acreditam que ser cristão significa seguir os ritos, ir à igreja, participar da missa todos os dias ou todas as semanas, seguir religiosamente todas as leis que estão escritas na Bíblia. Achamos que este ou aquele será salvo porque reza o terço todos os dias, porque frequenta a missa diariamente, porque é o ministro da Eucaristia, porque é o catequista, participa do ministério de música ou realiza um trabalho pastoral. Acreditamos que a salvação está apenas em servir a Deus em todos os momentos, em aparecer e ser reconhecido na assembleia. Apontamos orgulhosamente, como quem fala com grande sabedoria, que aquele e aquela não serão salvos porque não seguem o rito à risca. A nossa preocupação é justamente em como as pessoas se vestem, como se a roupa nos levasse para o céu ou para o inferno, como se os bens materiais, que são tão passageiros, definissem a nossa salvação.

Deus não está preocupado em como você se veste, com o carro que você tem, a casa onde mora. Deus não está preocupado com o jeito como você vai à igreja, se reza direitinho ou se deixou de rezar. Deus está preocupado com o seu coração, Ele está preocupado com a sua salvação. Jesus Cristo diz no Evangelho: "Se me amais, guardareis os meus mandamentos" **(Jo 14,15)**.

Guardar a palavra de Deus é colocar em prática, sobretudo, o amor. Foi isso que Jesus nos ensinou. Ele nos explicou que não revogou nenhuma das antigas leis ditadas por seu Pai, porém nos oferecia um novo mandamento, que resumia todos os anteriores: "Amai-vos uns aos outros. Como eu vos tenho amado, assim também vós deveis amar-vos uns aos outros" **(Jo 13,34)**.

Quando seguimos esse mandamento, as roupas e as festas perdem toda a importância. Jesus Cristo nos prometeu: "Disse-vos essas coisas para que a minha alegria esteja em vós, e a vossa alegria seja completa" **(Jo 15,11)**. É preciso ter consciência de que Deus tem que estar cem por cento presente na nossa vida.

Entretanto, temos uma grande dificuldade para aceitar esse fato. Não conseguimos entender, pensamos que a presença de Deus em nossas vidas significa a ausência de dificuldades e de problemas, e isso não é verdade.

Por vezes, temos a impressão de que Jesus está de olhos fechados para a nossa vida, como quando estava dormindo na barca com os discípulos. Quantas vezes já fomos à igreja e tivemos a mesma atitude dos discípulos que tentaram acordar Jesus, gritando: "Senhor, salva-nos, nós perecemos!" **(Mt 8,25)**. Nós, então, clamamos: "Jesus, me ajuda, não aguento mais viver nessa situação. Estou passando por uma grande dificuldade". E ainda justificamos pesarosamente o pedido: "Já tanto tempo que venho à igreja, Senhor, mas, quanto mais rezo, nada acontece. Por favor, Jesus, me ajuda, ouça meu pedido, tenha piedade". Alguma vez na vida você já fez isso? É muito provável que sim. Quantas e quantas vezes olhamos para a cruz e dizemos: "Senhor, desça daí e faça alguma coisa, porque eu não aguento mais".

O interessante é que a Palavra nos ensina a tomar uma atitude diferente. "Por que este medo, gente de pouca fé?" **(Mt 8,26)**, Jesus indagou aos discípulos. Ele também nos faz a mesma pergunta, meus irmãos, quando vivemos momentos de fraqueza em nossas vidas e acabamos medindo a nossa fé. Nessas ocasiões, nos damos conta de que nossa fé ainda é pouca, pois se acreditássemos para valer, se confiássemos em Jesus Cristo com todo o nosso coração, com toda a nossa alma, com todo o nosso entendimento, tudo seria diferente.

A todo instante Jesus Cristo na sua Palavra nos pede que não nos aterrorizemos, que não perturbemos nossos corações. Ele nos garante que estará sempre conosco, que jamais nos abandonará e tudo que Lhe pedirmos, Ele nos concederá. A porta de Jesus sempre estará aberta para nós.

Jesus dá a garantia de que está conosco. Ele não nos deixará. É preciso que O amemos e guardemos Suas palavras, para que Ele esteja em nós e nós estejamos Nele. Assim, a alegria será completa. Ah, Jesus se levanta, dá ordem aos ventos e o mar se acalma.

A presença de Jesus Cristo no barco da nossa vida não significa a ausência de sofrimento. Na verdade, significa que, quando Jesus está dentro do barco da nossa vida, esse barco ainda assim vai balançar, virão os ventos, as tempestades, e todas as intempéries irão soprar contra a embarcação, mas uma coisa é certa: Se Jesus estiver no barco, ele não afundará jamais.

É preciso, como já lhe foi advertido tantas vezes, que você construa a sua casa sobre a rocha, que os alicerces da sua residência sejam sempre Jesus Cristo. Assim, você terá a certeza de que virão os ventos, as tempestades, as chuvas, a casa pode até balançar, mas ela não cairá porque sua sustentação é a mais sólida de todas. Aquele que ama a Jesus guarda a sua Palavra: "Se alguém me ama, guardará a minha Palavra e meu Pai o amará, e nós viremos a Ele e Nele faremos nossa morada" **(Jo 14,23)**.

Se você é uma mulher de fé, um homem de fé, que, apesar dos pesares, dos problemas, das dificuldades, dos ventos, ainda está de pé, sua alegria é plena. Isso significa que construiu sua casa sobre a rocha, que Jesus Cristo é o alicerce da sua morada. Se você ainda está triste, angustiado, sem rumo, é porque a sua casa está balançando sob o sopro do vento, a sua vida bambeia a cada obstáculo e pode ser destruída por uma incapacidade, uma ignorância, pela falta de sabedoria ou por um desentendimento.

A palavra profética é reconstrução. Reconstrói a sua vida porque Jesus Cristo diz: "Eis que eu renovo todas as coisas!" **(Ap 21,5)**. Precisamos estar dispostos a mudar, jogar fora velhos hábitos, estar prontos para a grande mudança. O Senhor só pode agir em nossa vida se também estivermos abertos a viver a diferença, a fazer tudo de uma maneira diferente.

14
SUCESSO

Eu quero contar para você agora um pouco sobre como está a minha vida neste momento.

Este mundo em que eu estou vivendo hoje, do glamour, do sucesso e do poder, faz cada vez mais com que eu acredite que, na verdade, tudo isso não passa de ilusão, de mentiras. Engano seu pensar que dinheiro traz felicidade, porque não traz. Nem o dinheiro, nem o sucesso, nem o poder, porque, se fosse assim, rico não sofria, poderoso não entrava em depressão, famoso não se frustrava.

Meu irmão, minha irmã, o dinheiro compra uma bela mansão, uma bela fazenda, mas não lhe dará um lar. O dinheiro o coloca dentro de uma casa maravilhosa, lhe compra uma propriedade incrível, mas não lhe dá um lar! Tem gente que vive na solidão, mesmo cercada pela família. Apesar de viver cercada de gente, é como se vivesse na solidão. Eu conheço muitas pessoas assim. O dinheiro lhe compra uma cama maravilhosa, mas não lhe dá um sono tranquilo. Tem gente que nem mesmo consegue dormir, ainda que tome calmantes. Essas pessoas trabalham o dia todo, chegam em casa cansadas, põem a cabeça no travesseiro, mas não conseguem pregar os olhos, mesmo tendo o melhor colchão do mundo. O dinheiro compra todos os remédios, mas não lhe dá saúde. Para os doentes, o melhor seria não ter um real no bolso, mas em compensação não precisar de nenhum remédio.

Uma amiga me disse um dia desses o seguinte: "Padre, eu gasto 15 mil reais por mês em remédios. Ganho 35 mil, mas gasto 15 mil em remédios". Gente, eu queria ganhar só um salário mínimo, mas não ter que gastar com remédio nenhum. É muito melhor gastar dinheiro com arroz e feijão.

Às vezes a gente ganha pouquinho, mas, quando você chega em casa, tem o prazer de comer uma comidinha caseira. Poucas vezes pensamos na sorte que temos em poder comer livremente enquanto há tantos de nós que hoje não podem se alimentar porque estão doentes. Como é bom ter saúde para comer de tudo! De que adianta ter 50 mil na conta todo mês se você não pode pegar uma colher, se sentar à mesa e se servir daquela comidinha gostosa?

Então, meu irmão, minha irmã, não se iluda com as muitas coisas que você vê na televisão. Não se engane com a vida das pessoas famosas, dos políticos de alto escalão e dos milionários. Além das aparências, nem tudo é um mar de rosas.

O que quero lhe dizer com tudo isso é que hoje eu me considero muito rico. Sabe por quê? Não é por causa de bens, de fazendas, de carros, de casas ou do sucesso. Eu descobri que o homem mais feliz e rico de todo o mundo é aquele que tem uma família harmoniosa, bons amigos, saúde para lutar por seus objetivos e, principalmente, carrega Deus em seu coração.

15
ESPERANÇA

Para encerrar esta parte do nosso bate-papo, quero lhe falar de uma parábola que Jesus contou para os seus discípulos.

O que é parábola mesmo, padre? É uma história! Jesus contava historinhas para dar exemplos, nos ensinar de forma mais fácil e simples. Tudo com Deus é sempre muito simples. Deus utiliza palavras claras porque para Ele não há subentendidos nem entrelinhas. Ele não passa a mão na cabeça de ninguém.

A parábola contada por Jesus que irei reproduzir em seguida é muito fácil de entender. Vale refletir.

Essa história fala sobre como é o Reino dos Céus. Em Mateus 20,1-16, Jesus nos conta sobre um patrão que saiu de madrugada para contratar trabalhadores para sua vinha e combinou com os homens que lhes pagaria uma moeda de prata por dia.

Mais tarde, o patrão saiu novamente da propriedade e viu outros homens que estavam numa praça desocupados e os convidou também para trabalhar na vinha, dizendo que iria lhes pagar o que fosse justo. Aqueles trabalhadores também aceitaram as condições do patrão e o seguiram.

No meio do dia, o patrão saiu mais uma vez e contratou mais trabalhadores. Isso se repetiu às três da tarde e mais outra vez às cinco.

O patrão saiu várias vezes ao longo do dia e contratou trabalhadores para a sua vinha, sem se importar com o horário nem por quanto tempo eles iriam trabalhar. E tem mais, já no final do dia, ele ainda encontra outras pessoas desocupadas na praça e lhes pergunta: "Por que vocês estão aí desocupados?". E eles lhe responderam: "Porque ninguém nos contratou". E, mais uma vez, o patrão levou mais trabalhadores para sua vinha.

Talvez hoje você se sinta arrasado porque está sem emprego, porque ninguém o contratou. Entretanto, saiba que Deus vai te contratar. Deus vai dar a você aquilo que ninguém deu. Deus é especialista em fazer isso. Deus contrata. Deus acolhe. Deus abraça. Deus ama. Deus perdoa. Deus congrega. Deus chama. Deus confia.

Enquanto eu e você não queremos nos aproximar de determinados irmãos e irmãs, enquanto eu e você desprezamos os outros, enquanto eu e você colocamos rótulos nas pessoas, Deus não faz isso. Ele não vê o que está por fora, Ele vê a essência. E muitas vezes por dentro de uma casca feia, diferente, esquisita, existe uma pessoa limpa, honesta, que ama, que é caridosa, que perdoa, que enxerga a vida e o mundo como nós não somos capazes de enxergar.

Voltando à nossa parábola, o patrão contratou aqueles que estavam abandonados na praça e no final do dia chamou o administrador da propriedade para que ele pagasse a diária dos trabalhadores, começando com os últimos e indo até os primeiros. Todos ganhariam a mesma quantia.

Essa parábola deu origem a um ditado que todos nós conhecemos: "Os últimos serão os primeiros, e os primeiros serão os últimos". Isso já não é mais novidade para nenhum de nós, só que não vivemos essas frases. Conhecemos a teoria, mas a prática não funciona com a gente. Essa é a Palavra de Deus, e Ele de fato a vive. Para Ele, essas palavras funcionam sempre. Porque Deus ama, porque Deus perdoa, porque Deus pensa diferente de nós. Os pensamentos de Deus não são os nossos, as vontades de Deus não são as nossas, os projetos de Deus não são os nossos, os sonhos de Deus não são os nossos.

Deus contrata aquele que não foi contratado, sabe por quê? Porque Deus perdoa. Sabe por que Deus contrata aqueles que não foram contratados? Porque Deus, além de amar e perdoar, é justo. Para Ele, o ideal seria que todos fossem contratados. É o mundo que nos seleciona.

Deus ama!

Você pode não servir para o mundo, mas sempre servirá para Deus.

PARTE II

PERDOE

É preciso ser forte para perdoar, mas essa força é uma graça que nós recebemos do Senhor, porque nós somos fracos.

Homilia de papa Francisco, 18 de junho de 2015

REZE COM O PADRE

Tenho certeza de que Deus é rico em misericórdia e que Ele ama até mesmo seu filho mais perverso, a quem ama como um pai bondoso e uma mãe terna. Por isso desejo estar sempre diante da presença de Nossa Senhora e de Jesus Cristo, entrego minha vida e a vida dos meus irmãos nas mãos de Jesus. Que o Senhor tenha piedade e misericórdia de cada um de nós, porque somos fracos, frágeis, pecadores, nós erramos. Entretanto, queremos acertar sempre, queremos melhorar o tempo todo, queremos ser homens e mulheres diferentes.

Quero hoje minha casa cheia de amor, bondade e misericórdia. Por isso, antes de mais nada, reconheço que sou um reles pecador e peço a Deus que não leve em conta todos os meus pecados e os meus erros do dia a dia, mas que Ele leve em consideração o meu desejo de mudar todos os dias.

Peço a Jesus que acredite no meu desejo de ser uma pessoa diferente, no meu desejo de a cada dia que passa estar mais próximo Dele.

Viver sem o amor de Jesus, viver sem o Seu perdão, viver sem a Sua presença na minha vida é buscar o caminho da doença, da depressão, da infelicidade. O Senhor é o meu tudo!

Eu faço tudo por Jesus, desde a hora em que levanto até a que deito. Todas as minhas ações são para Ele. Todo o meu trabalho, o meu cansaço, o meu suor, tudo é para Jesus.

Jesus é a razão da minha vida, a razão de tudo que acontece no meu dia a dia, a razão da minha felicidade e do meu bem-estar.

Amém!

1
TRAIÇÃO

Muitos de nós não gostamos nem mesmo de escutar essa palavra e, claro, ninguém deseja vivê-la. Sofrer uma traição é uma das piores experiências que podemos enfrentar, mas é preciso que se fale sobre esse assunto para que possamos entender exatamente como dói e como machuca. A traição é uma ferida aberta no coração de quem a sofre, que sangra a cada lembrança, algo difícil de curar.

Todos podem trair, numa ou noutra oportunidade, esquecendo que o outro merece respeito, achando que não há nada de mais em determinadas atitudes, agindo como se a cegueira e a surdez do outro fossem as responsáveis pelos acontecimentos e crendo que as palavras maldosas são jogadas ao vento e jamais o atingirão. Muitas vezes tem-se a certeza de que sempre será perdoado, afinal, isso era exatamente o que o outro merecia.

E tudo isso acontece porque confiamos demais em uma pessoa, mais do que confiamos em Jesus Cristo. Jesus jamais vai trair você.

Quem nunca viveu a experiência tão trágica e triste da traição? O próprio Jesus sentiu isso na pele. Lembre-se: Ele viveu tudo na terra como nós, embora não tivesse pecado. Ele foi aclamado quando entrava em Jerusalém e todo o povo gritava: "Hosana! Bendito o que vem em nome do Senhor!" **(Mt 11,9)**. Porém, essas mesmas pessoas, o mesmo povo que O seguiu, gritando extasiado, chamando-O de Rei, na Sexta-Feira da Paixão gritou em praça pública: "Seja crucificado! [...] Caia sobre nós o seu sangue e sobre nossos filhos!" **(Mt 27,22.25)**. Foram exatamente essas mesmas pessoas que presenciaram milagres, receberam a cura, foram saciadas pelo pão e pela água da vida, mas que não hesitaram em fechar os olhos, em cruzar os braços, em trair.

Tão grave quanto a atitude dessas pessoas foi a traição de Judas, um discípulo que comia na mesma mesa com Jesus, que conviveu com Ele por três anos, presenciando milagres, dividindo o mesmo teto, a mesma comida, caminhando com Ele lado a lado, e em quem o Nazareno depositou Sua confiança. Judas foi eleito dentre os outros seguidores. Para ele, Jesus abriu Seu coração. E Ele foi traído.

Dos trinta anos de idade até os 33, Jesus definitivamente exerceu o seu ministério por toda a Galileia, Samaria e Judeia. Pelo caminho, convidou Seus apóstolos para que O seguissem em sua santa jornada. Dentre eles estava um homem chamado Judas. Ele tinha certeza de que Jesus era o filho de Deus, porque havia expulsado os demônios, havia curado, havia feito milagres e prodígios diante dos seus olhos. Porém, o próprio Judas traiu Jesus Cristo.

É certo que muito mais do que as dores da flagelação, da coroa de espinhos, da humilhação, Jesus sofreu a dor maior, a dor da traição. Saber que foi traído por alguém que comeu e se sentou à Sua mesa, que dormia sob o mesmo teto, com quem partilhou Sua vida, Seus anseios, a quem protegeu e aqueceu. Essa é uma dor atroz! Rasga e sangra o coração.

Muitas são as razões das traições na nossa vida. E quando ouvimos essa palavra, a primeira coisa que nos vem à cabeça é a traição no matrimônio e no namoro, porém a traição está longe de ser apenas isso. Ainda pior é trair a confiança de Jesus Cristo na sua vida. Tenho certeza, entretanto, de que minhas últimas palavras o assustaram e você deve ter repelido essa ideia logo de imediato, dizendo para si mesmo: Eu? Eu não sou um traidor! Faço tudo conforme os ensinamentos dos meus pais e da Igreja!

Entretanto, reflita: Você vai à igreja, se confessa, reza o terço, participa ativamente da missa, comunga da Palavra e recebe a Eucaristia. Porém, ao cruzar as portas do templo para a rua, você tem mesmo certeza de que segue todos os preceitos pregados durante a missa?

Nas suas atitudes e palavras, você pode estar traindo Jesus Cristo, e o pior, pode estar traindo a si mesmo, pois está vivendo como um hipócrita, cercado de falsidade. E o que é ser hipócrita? É estar limpo por fora, bonito, bem vestido, mas imundo por dentro. Quantas pessoas não são assim? Na frente da gente são uma coisa e por trás são outra. Se você leva a sua vida assim, está traindo a si mesmo e está traindo a Jesus Cristo.

E toda traição tem uma péssima consequência. Na verdade, tudo em nossa vida tem consequências! Judas não suportou a traição. Depois de haver traído Jesus, de tê-Lo entregado por dinheiro, poder, vaidade, ele percebe a besteira que cometeu, e não suportando o peso de seu ato, Judas se enforca. Na traição você não mata apenas o outro, mas também a si mesmo. Você perde a sua alma, a sua paz, a sua esperança e até mesmo a sua fé.

E muitas vezes é exatamente isso o que está acontecendo na nossa vida, na nossa família, no nosso trabalho. Nós traímos uns aos outros por meio de palavras, olhares, atitudes desrespeitosas, ironias, comentários dúbios. É uma dura realidade, e não é à toa que a Palavra de Deus nos diz: "Maldito o homem que confia em outro homem, que da carne faz o seu apoio e cujo coração vive distante do Senhor!" **(Jr 17,5)**.

É preciso selecionar bem em quem vamos depositar a nossa confiança. É preciso fazer um exame de consciência e saber se essa dor que sentimos é de fato causada pela traição em si ou se somos nós os traidores e não assumimos a consequência dos nossos atos.

Precisamos confiar totalmente em Jesus Cristo. Cuidado com quem você vai abrir seu coração. Você deve abrir a sua vida por inteiro somente para Jesus Cristo. Tenha o seu momento com Ele. Jesus o entenderá e jamais trairá sua confiança. Entregue ao Senhor todas as suas preocupações, todos os medos, os anseios e as angústias, porque Ele sempre cuidará de você.

2
FIDELIDADE

A palavra "fé" na Bíblia é traduzida como fidelidade a Deus. Fé é a atitude daquele que crê e obedece ao Senhor. Crer e obedecer são como duas faces de uma mesma moeda, dois aspectos de uma mesma realidade. É preciso refletir se a crença e a obediência são também aspectos da nossa realidade. Devemos repensar os significados de crer e obedecer como propósito de nossas vidas.

Se eu creio que há um Deus que é onipotente e presente em todos os momentos da minha vida, que é meu Criador e Salvador, e que a vontade desse Deus é sempre o melhor possível para mim, não tenho como não obedecer-Lhe, isso seria como não cumprir a sua vontade. E não posso esperar que Ele me ofereça coisas boas se estou sempre agindo da mesma forma, do meu próprio jeito. Faça Senhor a Sua vontade, desde que não contrarie a minha.

Você é cristão. É preciso ser fiel a você mesmo, ao que lhe foi ensinado por seus pais, ao seu coração. É preciso ser fiel a Deus, fiel à Igreja. E só é fiel de verdade quem é homem e mulher para valer. Tem que ser muito homem e muito mulher para ouvir a Deus e servir a seus irmãos com humildade.

Para quem ama, essas não são tarefas difíceis. Eu sou apaixonado por Jesus Cristo e a cada dia que passa me apaixono mais e mais por Ele, e quando se tem convicção daquilo que você é e daquilo que se quer, nada nos tira do caminho do bem.

É preciso ser fiel, assumir o compromisso da fidelidade e cumpri-lo custe o que custar. Por isso, meu irmão, minha irmã, antes de tomar qualquer atitude, antes de qualquer decisão, primeiro reflita se você vai dar conta dessa tarefa. Não assuma aquilo que não é capaz de cumprir.

Quando se vai construir algo, diz a Palavra de Deus, no Evangelho segundo São Mateus, 7,24-27, é preciso primeiro que se faça um projeto, que haja uma preparação para saber se a estrutura oferece firmeza, pois do contrário, no meio da construção, tudo pode vir a baixo e você se verá perdido, solto tal qual uma pena num vendaval.

Então, antes de tomar uma decisão, é preciso primeiro avaliar, refletir: Será que eu tenho maturidade suficiente para assumir esse compromisso, essa responsabilidade com o outro, com as pessoas, comigo mesmo e, sobretudo, com Deus, ou será que três anos depois vou virar as costas e, como Judas, trair meu projeto de vida?

Jesus vem nos trazer uma esperança. Nem tudo está perdido, nem tudo está acabado, porque Ele nos ama! Ele conhece a nossa fragilidade, sabe que muitas vezes não somos capazes, principalmente quando estamos longe Dele e longe da graça, e sem a graça de Deus não se chega a lugar nenhum, não conseguimos dar conta do recado.

Então, no momento em que adquirimos consciência da nossa fragilidade, podemos ouvir quando Ele se revela e nos diz: "Mesmo que você tenha Me traído, mesmo que traia o seu próximo, Eu quero repetir para você o Meu mais importante mandamento: 'Amai-vos uns aos outros. Como eu vos tenho amado, assim também vós deveis amar-vos uns aos outros'. **(Jo 13,34)**". Assim, será possível sentir a brisa suave invadindo o coração, a alma leve, dançando e cantando ao som do doce Espírito de Deus.

Madre Teresa de Calcutá afirmava que a mais terrível solidão é a provocada pelo sentimento de que não somos amados. Santo Agostinho pregava que, à medida que cresce o amor dentro de nós, cresce a nossa beleza, porque o amor é a beleza da alma. No Cântico dos Cânticos, podemos ler:

"**6** porque o amor é forte como a morte, a paixão é violenta como o cheol. Suas centelhas são centelhas de fogo, uma chama divina. **7** As torrentes não poderiam extinguir o amor, nem os rios o poderiam submergir. Se alguém desse toda a riqueza de sua casa em troca do amor, só obteria desprezo" **(Ct 8,6-7)**.

Por isso a minha proposta a você é que, apesar da traição que o fez sofrer e desacreditar, assuma a proposta do próprio Jesus Cristo: "Amai-vos uns aos outros. Como eu vos tenho amado, assim também vós deveis amar-vos uns aos outros". Não economize amor, porque o amor é o único tesouro que se multiplica por divisão, quanto mais se dá, muito mais se recebe. E amar ao próximo como a ti mesmo nada mais é do que desejar para o outro tudo aquilo que você deseja que aconteça consigo mesmo.

Amar é muito mais fácil do que se pode imaginar. E o que você deseja que aconteça na sua vida? Felicidade, amor, paz, prosperidade? Você não deseja que tudo de bom lhe aconteça? Então deseje o mesmo para os seus semelhantes. É um exercício de doação, talvez não seja o mais fácil, porém é o mais grandioso. Aos poucos você entenderá o que é amar e o porquê de Jesus ter resumido todas as leis num grande e novo mandamento: "Amarás ao Senhor teu Deus de todo o teu coração, de toda a tua alma, de todo o teu espírito e de todas as tuas forças [...]. Amarás o teu próximo como a ti mesmo" **(Mc 12,30-31)**.

Se você agora se sente triste, angustiado, abatido, deprimido porque alguma vez na vida traiu ou foi traído, eu tenho uma proposta de Deus para você: Nem tudo está perdido, seja humilde e reconheça sua fraqueza, o seu erro. Vá até a pessoa que você ama e diga-lhe: "Perdoa-me, porque eu amo você. Muito obrigado por você existir e fazer parte da minha vida!". Mostre para essa pessoa a quem você ofendeu o quanto a ama. Corra, vá depressa, lute, não perca tempo, não deixe para depois, não deixe para amanhã aquilo que você pode fazer hoje. É preciso ter consciência de ser fiel e de ir até o fim, custe o que custar. Coragem, vamos lá, com força, com a graça de Deus e o firme propósito de sermos fiéis até o fim.

E cuidado com as propostas que surgem no seu caminho. Muito cuidado com as propostas de satanás, principalmente se você acha fácil tirar vantagem em tudo! A vantagem é a proposta de satanás. O diabo não lhe oferecerá coisas ruins, porém seus oferecimentos lhe custarão muito caro, lhe tirarão noites de sono, o seu apetite, a sua saúde e a sua felicidade. Tudo isso porque você abandonou o caminho da fidelidade, traiu a quem ama, traiu a você mesmo e, sobretudo, traiu a Deus.

Nunca se esqueça da Palavra:

"**24** Aquele, pois, que ouve estas minhas palavras e as põe em prática é semelhante a um homem prudente, que edificou sua casa sobre a rocha. **25** Caiu a chuva, vieram as enchentes, sopraram os ventos e investiram contra aquela casa; ela, porém, não caiu, porque estava edificada na rocha. **26** Mas aquele que ouve as minhas palavras e não as põe em prática é semelhante a um homem insensato, que construiu sua casa na areia. **27** Caiu a chuva, vieram as enchentes, sopraram os ventos e investiram contra aquela casa; ela caiu e grande foi a sua ruína" **(Mt 7,24-27)**.

Onde você quer construir a sua casa? Onde quer construir o seu namoro? Onde quer construir o seu casamento? Onde quer construir a sua família, a sua amizade, o seu trabalho? Sobre a rocha ou sobre a areia?

Peçamos ao Senhor Jesus que venha nos iluminar, nos tirar das trevas, das sombras da morte, do pecado. Que nos mostre o quanto vale a pena amar, o quanto vale a pena perdoar. Que vale a pena ir até o fim, ser fiel. Porque mesmo com as nossas infidelidades, Deus é fiel, nos ama, nos perdoa, nos quer felizes, realizados, porque esse é o Seu projeto para mim e para você. Peçamos a Ele que nos dê força na nossa vontade, persistência nos nossos atos, pois ao cristão não basta crer, é preciso obedecer.

Sim, a obediência sempre foi e sempre será a prova e a garantia da fidelidade a Deus. A obediência a Deus é a verdadeira liberdade, e fomos criados para ser livres. Foi pela obediência que Jesus entregou-se ao martírio, pela salvação da humanidade, pela nossa libertação.

Ser fiel é ser paciente e perseverante. A paz e a tranquilidade nos enriquecem. Lembre-se sempre: É preciso uma vida de piedade, vigilância e oração. Sem isso, a alma esfria. Como disse São Mateus: "Aquele que perseverar até o fim será salvo" **(Mt 24,13)**. Peçamos ao divino Espírito Santo que nos ilumine e fortaleça!

3
BENS

Passamos muito tempo de nossas vidas correndo de um lado para o outro. Temos pressa, temos sempre pressa. Precisamos trabalhar, juntar dinheiro enquanto somos jovens, temos braços e pernas fortes, não ficamos doentes tão facilmente. Buscamos coisas materiais sob as mais diversas desculpas, talvez por acreditar que só teremos esse tempo, o agora, o passado já foi; o futuro, quem sabe? Talvez não tenhamos tempo.

Nosso tempo exige cada vez mais velocidade, é preciso correr sem parar. Eu sinto, e acredito que você também, que estamos cada vez mais sem tempo, os dias se tornam cada vez mais curtos, os meses passam de maneira tão vertiginosa que quase não percebemos. E nós querendo juntar cada vez mais dinheiro, o que não significa, necessariamente, construir. Até quando você vai se preocupar com tantas coisas, sendo que um dia deixará tudo para trás?

Para quem você deixará tudo isso que está acumulando? Para quem ficará todo o seu esforço, todo o seu suor, todo o tempo do qual você não desfrutou? Por que você, na sua ignorância, na sua falta de entendimento, juntou tudo longe de Deus, não soube administrar a sua vida com sabedoria, com inteligência? Ser inteligente não é ser sábio. É preciso viver com sabedoria, e só se vive com sabedoria quando se está diante de Deus.

Ninguém consegue viver com sabedoria sem Deus. Acumular simplesmente traz o vazio, a solidão, pois, se você consegue atingir suas metas, recebe o reconhecimento dos outros e, muitas vezes, a inveja. Você então se sente inseguro, solitário, já que exigiu tanto de si mesmo para alcançar os bens materiais e, no fim das contas, a admiração dos outros se torna incômoda, e todos os olhares demonstram apenas o interesse por aquilo que você conquistou.

Se você ainda não conseguiu atingir seus objetivos, se o caminho está difícil, se as pedras se tornaram tantas que a cada passo você tropeça, se em cada olhar e em cada sorriso você sente apenas um escárnio do seu fracasso, certamente você se perguntará: O que me falta? Por que para tantos outros parece ter sido tão fácil? E passará a procurar desculpas, razões para jogar a culpa em outras pessoas, enquanto se recusa a ver que o erro foi seu ao tentar construir seu castelo com baldinhos de areia. Sem Deus, o terreno com certeza é arenoso. Não vamos mais culpar os outros, principalmente a Deus, pelos nossos erros.

Precisamos tomar consciência de que, se alguma coisa deu errado na nossa vida, não foi por culpa de Deus, mas sim por nossa própria culpa. Nós somos os culpados. O mal só entra na vida de quem não tem Jesus Cristo. Eu não acredito que o mal seja capaz de adentrar a vida de alguém que está comungando verdadeiramente com Jesus Cristo, comendo o pão do céu, escutando as Palavras e principalmente as pondo em prática.

É preciso ter consciência de que devemos nos entregar totalmente a Jesus Cristo! Ser cem por cento de Jesus Cristo. Ele é a nossa bússola, o nosso norte, o piloto do nosso barco, a luz que clareia o nosso caminho. Eu posso muito mais, nós podemos muito mais, porque temos Jesus Cristo. Onde Ele está presente há luz e não existem trevas. Jesus é a luz que nos ilumina! Ele é seu amigo, Ele o ama e quer o seu bem, por isso, escute Jesus: "Eu sou o pão da vida: aquele que vem a mim não terá fome, e aquele que crê em mim jamais terá sede" **(Jo 6,35)**.

Muitos de nós só matamos nossa sede quando ela já está insuportável, de forma que pouco importa a qualidade da água, qualquer poço serve. Por isso, logo voltamos a ter sede de novo, rapidamente a boca fica seca e voltamos a sentir uma sede ainda maior, tão grande que nada nos sacia e não conseguimos encontrar mais a água fresca. O caminho se torna árduo, o sol cada vez mais quente nos castiga, o ar queima os nossos pulmões e com mais sede vamos ficando.

É isso que acontece com muitos de nós nesses dias tão difíceis, em que vivemos tantas angústias, mergulhados na ansiedade por respostas fáceis, de preferência sempre positivas. Saímos à procura de qualquer poço, aceitamos qualquer copo de água. Andamos em círculos em busca de qualquer coisa que realize nossas vontades. Porém, o importante, não é só matar a sede, mas possuir a fonte.

Se não possuirmos a fonte que é Jesus Cristo, não conseguimos matar a nossa sede de amor, paz, perdão, bondade, caridade, fidelidade. E isso nos torna homens e mulheres infelizes. Qual é o motivo dessa infelicidade, padre? Por que sou uma pessoa frustrada? Nada na minha vida dá certo, por quê? Porque tudo o que você faz, como rezar, participar da missa, ajudar na igreja, tudo isso está matando a sua sede apenas naquele determinado momento. Servir exige entrega, coração aberto, mãos dispostas a toda hora, alegria e ânimo para realizar a vontade do Pai. É preciso possuir a fonte! É preciso estar com Jesus Cristo, para que, todas as vezes que sentir sede, você possa ir direto à fonte.

Se a gente for a Ele com todo o nosso coração, com todo o nosso entendimento, se o aceitarmos como o único Salvador da nossa vida, Ele não nos decepcionará. O próprio Jesus nos garante isso:

"**38** Pois desci do céu não para fazer a minha vontade, mas a vontade daquele que me enviou. **39** Ora, esta é a vontade daquele que me enviou: que eu não deixe perecer nenhum daqueles que me deu, mas que os ressuscite no último dia" **(Jo 6,39-39)**.

Vontade! Fazer a vontade do Pai! Jesus proclama: "Esta é a vontade de meu Pai: que todo aquele que vê o Filho e nele crê, tenha a vida eterna; e eu o ressuscitarei no último dia" **(Jo 6,40)**.

É preciso que a gente acorde, que a nossa ficha caia. Tudo no mundo é passageiro, só a Palavra de Deus não passa. Meu irmão, minha irmã, deixe de viver essa vida ignorante, deixe essa vida egoísta, deixe de viver preocupado com tantas coisas, com tantos afazeres, com tantos bens materiais, com tantos luxos, vaidades, poder. Deixe de viver na ignorância de quem nega o perdão e por isso vive doente, porque não consegue comer, não consegue dormir e sente dor. Tudo isso acontece porque o seu coração não sabe perdoar, não sabe amar, não sabe fazer a caridade, não escuta a voz do Senhor. Quem não tem Deus como a fonte da água viva, que não reconhece o Senhor como o pão da vida, que desceu do céu para nos alimentar, não consegue saciar sua sede.

Busque a fonte da água viva. Busque a Jesus Cristo agora. Busque construir sua vida num terreno seguro. Renove-se. A felicidade caminha ao seu lado, e ela não significa apenas acumular bens. Ela pode estar em cada gesto seu, se multiplicar nas suas palavras de carinho e nas suas atitudes, principalmente nelas.

Procure ser um homem, uma mulher prudente, edifique sua vida sobre uma base firme, sobre a rocha representada por Jesus. As dificuldades da nossa caminhada não nos impedem de lutar para alcançar a felicidade quando construímos nossa vida sobre a rocha firme.

Mas lembrem-se todos os dias de que não adiantará ir sempre à igreja e continuar fazendo tudo errado, querer ver as coisas de frente, mas continuar olhando-as de lado. Meu irmão, minha irmã, o sol que nos cobre e aquece não cobra por sua luz. Esqueça as reclamações, os lamentos e saia hoje para construir um mundo novo, uma vida nova.

Seja um homem, uma mulher prudente, que descobre e agradece a cada dia pela solidez dos seus alicerces como um dom que lhe é oferecido gratuitamente. Não perca mais tempo em acumular. Os bens materiais não valem o seu suor. É hora de construir, é tempo de alcançar a felicidade prometida por Jesus, sabendo que o traçado do caminho é de nossa responsabilidade. Essa é a vontade do Pai para mim e para você.

4
CONSTRUIR

O que você quer de Jesus na sua vida? O que você espera para agir? Jesus só agirá se você der o primeiro passo, se você se mostrar disposto a se transformar, a sair desse conformismo, dessa atitude de resignação, a deixar de lado as lamúrias e reclamações e agir. Não, não estou dizendo que será fácil e que tudo acontecerá da noite para o dia. Digo somente que é possível, porque tudo é possível para aquele que crê!

O livro dos Atos dos Apóstolos, do Novo Testamento, nos narra uma passagem onde Pedro cura, em nome de Jesus, um coxo que lhe pede esmolas na porta de um templo. Muitas vezes acontece comigo e com você exatamente o que aconteceu com aquele coxo: Você pede para Jesus uma coisa e Ele lhe dá outra que não tem nada a ver com seu pedido. Como o coxo, que não havia pedido exatamente para voltar a caminhar, pois tudo que ele queria era uma reles moeda, não era sua intenção ser curado, porque já havia perdido as esperanças. Ele estava ali naquela porta, pedindo esmolas, já tinha fixado na sua vida todas as suas desilusões e estava totalmente desanimado.

Muitos se encontram hoje desiludidos, cansados porque há anos estão pedindo a Deus por uma coisa e já acreditam que Ele não os escuta, pois nada acontece. Essas pessoas estão como aquele homem que desejava somente uma esmola, já que passar os dias assim era algo corriqueiro na sua vida, algo que já estava acostumado a fazer porque era paralítico de nascença. Ele já tinha perdido todas as esperanças, até que pediu uma coisa e recebeu outra no nome poderoso de Jesus. Esse nome tem poder.

Todas as vezes que pedimos alguma coisa a Deus e a recebemos, devemos louvar e agradecer, porque Deus tem sempre algo muito melhor para nos dar. Talvez não seja no nosso tempo, talvez não seja na nossa hora, mas na hora Dele, no tempo Dele, Ele vai nos conceder não o que queremos, mas o que realmente precisamos. Deus nos ama tanto que sabe muito bem do que precisamos.

Maravilhoso é refletir sobre quantas vezes em nossas vidas pedimos a Deus uma coisa e recebemos outra. Tenhamos a certeza de que o que Deus nos dá neste momento é sempre o melhor para nós. Aquele mendigo estava pedindo esmolas, mas o que ele precisava era caminhar, ter dignidade, ter saúde para poder trabalhar e não mais ter que pedir. Ele precisava ganhar o pão de cada dia com seu próprio esforço.

O que temos a dizer para as pessoas que se encontram na mesma situação é: Eu tenho Jesus Cristo! O Deus que eu tenho pode te levantar, o Deus que eu tenho pode te curar, o Deus que eu tenho pode tirar você dessa situação de miséria, de pedinte, de mendigo. Deus não quer ninguém pedindo esmola, Deus não quer ninguém jogado nas ruas, não quer ninguém parado, ninguém caído, de jeito nenhum. Deus quer nos dar dignidade. Ele não se ocupa com o material.

Quando se tem Jesus Cristo, não se precisa nem de prata, nem de ouro, porque com Ele se tem tudo. O que eu sou sem Jesus? Nada, nada, nada. Sem Jesus Cristo não somos nada, porém, quando temos Jesus em nossa vida, apesar dos nossos pecados, apesar dos nossos erros, das nossas fraquezas, das nossas fragilidades, temos tudo. Jesus nos quer dignos.

Deus nos criou para sermos felizes. Deus não nos criou para ficarmos pedindo esmola, jogados nos cantos, nas calçadas, nas ruas. Ele nos criou para que pudéssemos ter a vida. O próprio Jesus nos diz: "Eu vim para que as ovelhas tenham vida e para que a tenham em abundância" **(Jo 10,10)**.

Há uma pequena história que ilustra muito bem isso:

Certo dia, um filho chega para o pai e diz:

"Pai, eu quero uma bicicleta, e no dia do meu aniversário o senhor vai me dar essa bicicleta."

"Sim, meu filho", o pai concorda. "No dia do seu aniversário eu lhe darei uma bicicleta."

E o filho fica esperando, contando os dias para o pai chegar com a bicicleta. E, no dia do seu aniversário, o pai chega com as mãos para trás e diz:

"Meu filho, meus parabéns, eu lhe trouxe aqui um presente."

Então o filho, todo animado, pergunta:

"Cadê, pai, a minha bicicleta?"

O pai levanta a mão e dá de presente ao filho uma escova de dentes. Surpreso, o filho retruca:

"Mas, pai, eu pedi uma bicicleta!"

E o pai lhe fala:

"Sim, meu filho, você pediu uma bicicleta, mas você precisa é de uma escova de dentes, porque os seus dentes estão quase estragados, você não os escova por não ter uma escova de dente. Então, primeiro você cuida dos seus dentes para ficar com um sorriso bonito, e depois, sim, o pai vai te dar uma bicicleta."

É exatamente isso que acontece na nossa vida, no nosso dia a dia. Deus nos dá aquilo de que precisamos e não o que queremos, porque muitas vezes o que queremos não é a vontade de Deus, e as vontades de Deus não são as nossas vontades, o tempo de Deus não é o nosso tempo, o desejo de Deus não é o nosso desejo. E eu digo para você, meu irmão, minha irmã, que o desejo de Deus para nós é sempre o melhor.

Ainda que você não entenda, ainda que não compreenda naquele momento, naquela determinada situação, Deus te oferece o que há de melhor. Saiba que, se seguir Jesus Cristo, se você aceitá-Lo em sua vida como seu único salvador, Ele sempre fará para você o melhor, sempre lhe dará o melhor, porque Ele quer o melhor para você, como um pai quer o melhor para o filho.

Muitas vezes Deus nos dá uma advertência, assim como nossos pais muitas vezes precisam também nos dar um puxão de orelha. Eles fazem isso porque nos amam, porque querem nos mostrar que aquele caminho não é o certo. Mas, revoltados, não entendemos, porque não queremos saber do tempo de Deus. Como filhos mimados, nos achamos no direito de exigir que o mundo caminhe da nossa maneira.

É preciso refletir exatamente sobre o tempo de Deus. Talvez você queira o que está no seu coração agora, mas já parou para pensar se esse é o tempo certo para receber isso? Já parou para pensar se você tem maturidade o suficiente para receber aquilo que está pedindo para Deus? Será que você não está se precipitando?

Quando você já tiver certa idade, com maturidade e experiência de vida suficientes, quando for responsável, talvez esteja pronto. Talvez tenha então chegado o tempo de Deus. E esteja preparado para abraçar o compromisso. Receber aquilo que pediu, que é uma responsabilidade que deve ser assumida por toda a sua vida. Sim, um compromisso, pois você pede um presente e ele lhe é oferecido, portanto terá que ser cuidado, protegido. Ninguém joga fora um presente desejado.

Será preciso também ser maduro para receber um "não" de Deus. Sim, você queria uma resposta positiva, mas essa não era a vontade de Deus. A verdade é que, ao dizer não, Ele o está livrando de uma emboscada, tirando-o de uma situação que poderia ser prejudicial no futuro. Entenda isso e comece a encarar o que acontece em sua vida de forma positiva. Temos sempre a péssima mania de ver somente o lado negativo das coisas.

Deus não quer que cometamos erros com os outros. É preciso confiar no Senhor, é preciso experimentar os desejos de Deus, o tempo de Deus. Você está no tempo de construir ou de usufruir? Vejo tantos jovens atropelando o seu tempo. Meus caríssimos jovens, agora é tempo de construir, não é tempo de usufruir.

Como nos diz o Livro do Eclesiastes:

"**1** Para tudo há um tempo, para cada coisa há um momento debaixo dos céus; **2** tempo para nascer, e tempo para morrer; tempo para plantar, e tempo para arrancar o que foi plantado; **3** tempo para matar, e tempo para sarar; tempo para demolir, e tempo para construir; **4** tempo para chorar, e tempo para rir; tempo para gemer, e tempo para dançar; **5** tempo para atirar pedras, e tempo para ajuntá-las; tempo para dar abraços, e tempo para apartar-se; **6** Tempo para procurar, e tempo para perder; tempo para guardar, e tempo para jogar fora; **7** tempo para rasgar, e tempo para costurar; tempo para calar, e tempo para falar; **8** tempo para amar, e tempo para odiar; tempo para a guerra, e tempo para a paz" **(Ecl 3,1-8)**.

É preciso observar o tempo de Deus.

Você não está no tempo de usufruir, está no tempo de construir. Estamos no tempo de construir, e você não está construindo, está só usufruindo do que foi construído pelos outros e se lamenta por não estar vivendo seus sonhos, por não o deixarem livre, por não respeitarem seus momentos. Ora, como pedir isso se você está só à espera do que lhe vem à boca, pronto para engolir?

Construa a sua vida para usufruir dela lá na frente. Não queime etapas. Viva com muita maturidade, com muita prudência. É preciso entender o seu tempo, jovem. Aproveita esse tempo em que os seus pais ainda o ajudam, apostam em você, preparam você para o futuro. Sai da internet, sai do Facebook e vá à luta, vá tentar ser alguém!

São poucas as pessoas que têm essa oportunidade, e ela está aí, bem nas suas mãos. Como você está gastando o seu tempo? No que você perde o seu tempo? Você está se enganando. Você, na verdade, não está sabendo usufruir na hora certa, e o pior, não está sabendo construir no momento devido. Talvez sua desculpa seja a falta de oportunidades, mas não será comodismo? Preguiça? Medo de andar sozinho, de se equilibrar nas próprias pernas?

Para os pais é mais simples manter os filhos na redoma, assumir por eles a responsabilidade. Eles chamam isso de proteção. Pais que tomam essas atitudes apenas tornam os filhos fracos para a vida. É preciso deixá-los viver os próprios erros, deixá-los construir, não dar a eles a responsabilidade de realizar os sonhos que pertencem unicamente aos próprios pais. É preciso descobrir o tempo de Deus na nossa vida para que possamos construir e usufruir da felicidade que Ele nos preparou, porque Ele nos fez para sermos felizes.

5
DIFICULDADES

Sou apaixonado por Jesus Cristo por uma série de razões, e uma delas é a certeza de que Jesus não utiliza meias palavras. Ele é direto, em poucas palavras dá o Seu recado. Ele chega e diz logo o que precisa ser dito e o que veio fazer. Deveríamos agir assim também em nossa vida, mas infelizmente não fazemos dessa maneira, e por sermos assim, tão displicentes, não conseguimos captar as mensagens de Jesus para a nossa vida.

Ainda que Ele seja direto, nos deixando uma mensagem importante resumida apenas em uma única frase, ou palavra, não somos capazes de entender pelo simples fato de que não querermos fazê-lo, pois não são aquelas as palavras que esperávamos ouvir, elas não condizem com as nossas expectativas. Devemos sempre meditar sobre os últimos dias do Tempo Pascal, o Pentecostes, que significa "cinquenta dias depois da Páscoa".

Jesus nos prepara para essa festa, nos advertindo:

"**16** E eu rogarei ao Pai, e ele vos dará outro Paráclito, para que fique eternamente convosco. **17** É o Espírito da Verdade, que o mundo não pode receber, porque não o vê nem o conhece, mas vós o conhecereis, porque permanecerá convosco e estará em vós" **(Jo 14,16-17)**.

E termina: "Mas o Paráclito, o Espírito Santo, que o Pai enviará em meu nome, ensinar-vos-á todas as coisas e vos recordará tudo o que vos tenho dito" **(Jo 14,26)**.

Ele não disse muitas coisas antes, desde o princípio, porque estava conosco. Jesus sobe aos céus antes do Pentecostes, que é como chamamos a festa de Ascensão do Senhor. Esse é o momento em que Jesus sobe aos céus. Ele esteve aqui entre nós durante 33 anos, e por três viveu sua vida ministerial, anunciou a Palavra, o Evangelho, até o momento em que morreu e ressuscitou. Depois de ressuscitado, ainda permaneceu na terra por algum tempo, e muitas pessoas que o conheceram, inclusive os apóstolos, que presenciaram sua morte, também tiveram a oportunidade de vê-lo ressuscitado. E por isso eles creram muito mais. Jesus subiu aos céus e de lá nos enviou o Espírito Santo Paráclito, que envolveu os apóstolos durante os atos que eles realizaram após a ressurreição. A missão dos apóstolos era anunciar Jesus Cristo em toda a Samaria, Galileia, Antioquia e outros lugares mais distantes, convidando a todos para conhecer e viver Jesus.

Eles, os apóstolos, conseguiram converter multidões não apenas porque conheciam Jesus Cristo, mas também porque viviam Jesus Cristo e estavam cheios do Espírito

Santo. Quem está cheio do Espírito Santo vive uma vida totalmente transformada, em prece. Claro que muitos resistiram à conversão. Diz à palavra que uma mulher chamada Lídia, da cidade de Tiatirenos, vendedora de púrpura, temente a Deus, escutava os apóstolos. O Senhor abriu-lhe o coração para compreender as coisas que Paulo dizia, ela foi batizada juntamente com sua família e fez o seguinte pedido: "Se julgais que tenho fé no Senhor, entrai em minha casa e ficai comigo" **(At 16,14)**.

Se todos os dias fizéssemos esse pedido a Jesus Cristo, nossas vidas seriam completamente diferentes. A Palavra de Deus, a palavra de ordem, a palavra profética, para mim e para você, é felicidade. Entretanto, para sermos felizes, para nos tornarmos pessoas realizadas, é preciso abrir nosso coração todos os dias e dizer: Entra na minha casa, Senhor, e fica comigo.

Coloque a mão no seu coração agora, diga bem forte: Senhor, entra na minha casa e fica comigo. Transforma-me, mexe com as minhas estruturas, sara as minhas feridas, me ensina a ter santidade, a amar somente a Ti, porque o Senhor é o meu bem maior.

São tantos os empecilhos que aparecem em nossa vida e as dificuldades se multiplicam quando queremos servir apenas a Deus. Devemos nesses momentos buscar apoio no Santíssimo, e Jesus Cristo nos escuta. Se Deus quiser, em nome de Jesus Cristo vamos tirar da nossa vida, do nosso caminho, as coisas ruins, aquelas pessoas com quem convivemos e que estão nos fazendo tanto mal.

Quando acordamos para a vida e pedimos a Deus sabedoria, a resposta se revela:

"**7** Pedi e se vos dará. Buscai e achareis. Batei e vos será aberto. **8** Porque todo aquele que pede, recebe. Quem busca, acha. A quem bate, abrir-se-á" **(Mt 7,7-8)**.

Jesus escuta, porém São Mateus sempre nos adverte:

"**2** Porque do mesmo modo que julgardes, sereis também vós julgados e, com a medida com que tiverdes medido, também vós sereis medidos. **3** Por que olhas a palha que está no olho do teu irmão e não vês a trave que está no teu? **4** Como ousas dizer a teu irmão: Deixa-me tirar a palha do teu olho, quando tens uma trave no teu? **5** Hipócrita! Tira primeiro a trave de teu olho e assim verás para tirar a palha do olho do teu irmão" **(Mt 7,2-5)**.

É isso que você deve fazer, meu irmão. Corte o mal que você pratica pela raiz. Liberte disso o seu coração. Peça ao senhor para libertar sua vida, sua alma. Abra as portas do seu coração ao Senhor, que Nele você entre e se cure, se salve, se liberte, e principalmente tire de seu caminho as pessoas que atravancam o seu sucesso.

Peça a Deus para que Ele coloque ao seu lado uma pessoa que acrescente à sua vida, que seja uma pessoa de Deus. Peça para Jesus transformar a sua vida hoje, que Ele entre na sua casa e fique com você. Quando você deixar Jesus Cristo entrar na sua casa, quando O convidar, todos os seus dias serão diferentes. Deixe Jesus entrar na frente e o seu coração ficará bem. Muitas das causas dos nossos males estão no ressentimento e na mágoa, e a cura está em nós mesmos. Tudo que devemos fazer é deixar Jesus agir em nossa vida.

A partir de agora, tome posse dessa cura, desse milagre. Conduza uma oração de libertação e Deus irá lhe mostrar tudo o que acontece. Jesus o curará e o libertará. Precisamos deixar nosso coração para Jesus Cristo. Porque no coração que tem Jesus Cristo não cabe o ódio, nem a mágoa, porque as trevas não se misturam com a luz.

Jesus nos disse: "Eu sou a luz do mundo; aquele que me segue não andará em trevas, mas terá a luz da vida!" (Jo 8,12). O coração no qual Jesus habita não tem espaço para ódio, rancor, mágoa, tristeza, nem angústia. Quando temos Jesus em nosso coração, é inconcebível que vivamos sofrendo, tristes, angustiados e deprimidos. Permita que Jesus entre na sua vida, na sua casa, e deixa-O curar todas as suas mágoas, todos os traumas, peça para Ele transformá-lo, restaurando suas estruturas.

6
VERDADE

No Evangelho de Jesus Cristo escrito por São João, nos é revelado:

"**12** Muitas coisas ainda tenho a dizer-vos, mas não as podeis suportar agora. **13** Quando vier o Paráclito, o Espírito da Verdade, ensinar-vos-á toda a verdade, porque não falará por si mesmo, mas dirá o que ouvir, e anunciar-vos-á as coisas que virão. **14** Ele me glorificará, porque receberá do que é meu, e vo-lo anunciará. **15** Tudo o que o Pai possui é meu. Por isso, disse: Há de receber do que é meu, e vo-lo anunciará" **(Jo 16,12-15)**.

E Jesus continua: "Entretanto, digo-vos a verdade: convém a vós que eu vá! Porque, se eu não for, o Paráclito não virá a vós; mas se eu for, vo-lo enviarei" **(Jo 16,7)**.

O que Jesus está dizendo com essas palavras? Ele na verdade está preparando o coração dos discípulos para a sua Ascensão, para o seu retorno ao Pai.

Aos trinta anos Jesus deu início ao seu ministério, e durante três anos anunciou a Palavra de Deus, pregando o Reino dos Céus, cumprindo aquilo que já estava determinado pelo Pai. Ele disse na Palavra que deveria morrer, ir até a terra dos mortos e no terceiro dia iria ressuscitar.

Quando Jesus se reúne com seus apóstolos pela última vez, Ele celebra a Santa Ceia, quando definitivamente institui a Eucaristia: "Tomou em seguida o pão e depois de ter dado graças, partiu-o e deu-lho, dizendo: Isto é o meu corpo, que é dado por vós; fazei isto em memória de mim" **(Lc 22,19)**.

Vale lembrar também a entrada triunfal de Jesus em Jerusalém, aclamado pelo povo, e também quando dias depois esse mesmo povo que saudava Jesus Cristo como rei, como o Bendito, gritou: "Seja crucificado! [...] Caia sobre nós o seu sangue e sobre nossos filhos!" **(Mt 27,22.25)**.

Lembremo-nos ainda de que no mesmo dia da prisão de Jesus o galo cantou três vezes e Pedro iria negá-lo também por três vezes. Nesse mesmo dia, Jesus foi traído por Judas, um dos seus discípulos, que comia com ele, que batia no seu ombro, que dizia: Esse é meu amigo, uma pessoa boa, esse é o meu mestre!

Conhecemos bem todas as histórias das traições sofridas por Jesus. Também precisamos meditar sobre todos os atos realizados pelos apóstolos depois da ressurreição e narrados no Evangelho.

Paulo, por exemplo, era um dos apóstolos que pregava a Boa-Nova de Jesus ressuscitado. Alguns filósofos, pessoas importantes e estudiosos o procuraram. Eles estavam curiosos a respeito dos milagres que eram divulgados aos quatro ventos. Paulo aproveitou então a oportunidade e pregou para eles:

"**22** Paulo, em pé no meio do Areópago, disse: Homens de Atenas, em tudo vos vejo muitíssimo religiosos. **23** Percorrendo a cidade e considerando os monumentos do vosso culto, encontrei também um altar com esta inscrição: A um Deus desconhecido. O que adorais sem o conhecer, eu vo-lo anuncio! **24** O Deus, que fez o mundo e tudo o que nele há, é o Senhor do céu e da terra, e não habita em templos feitos por mãos humanas. **25** Nem é servido por mãos de homens, como se necessitasse de alguma coisa, porque é ele quem dá a todos a vida, a respiração e todas as coisas. **26** Ele fez nascer de um só homem todo o gênero humano, para que habitasse sobre toda a face da terra. Fixou aos povos os tempos e os limites da sua habitação. **27** Tudo isso para que procurem a Deus e se esforcem por encontrá-lo como que às apalpadelas, pois na verdade ele não está longe de cada um de nós. **28** Porque é nele que temos a vida, o movimento e o ser, como até alguns dos vossos poetas disseram: Nós somos também de sua raça... **29** Se, pois, somos da raça de Deus, não devemos pensar que a divindade é semelhante ao ouro, à prata ou à pedra lavrada por arte e gênio dos homens. **30** Deus, porém, não levando em conta os tempos da ignorância, convida agora a todos os homens de todos os lugares a se arrependerem. **31** Porquanto fixou o dia em que há de julgar o mundo com justiça, pelo ministério de um homem que para isso destinou. Para todos deu como garantia disso o fato de tê-lo ressuscitado dentre os mortos" **(At 17,22-31)**.

Naquela época, não se acreditava ainda na ressurreição. Como até hoje ainda se acredita, a crença vigente era na reencarnação. Paulo, entretanto, teve a coragem de pregar de uma forma muito firme sobre a ressurreição. E, além de pregar sobre um Jesus que foi morto e ressuscitado, ele pregou também a vinda do Espírito Santo Paráclito. Paulo dizia que Jesus morreu, ressuscitou, subiu aos céus e nos enviou o Espírito Santo. O Espírito Santo era Deus, ele dizia, e era capaz de fazer tudo aquilo e muito mais.

Em sua pregação, Paulo instigou que os ouvintes procurassem a Deus e se esforçassem por encontrá-lo. Mesmo que a princípio essa parecesse ser uma tarefa difícil, na verdade, não o era, pois Deus está muito próximo de cada um de nós.

Paulo convidava a todos os homens, de todos os lugares, a se arrependerem. Ele levava dentro de si a garantia de que a nossa fé é verdadeira, que não estamos na Igreja errada, que somos cristãos e que cremos de forma autêntica no Jesus ressuscitado.

A pregação de Paulo em Atenas sobre a ressurreição de Jesus visava à conversão dos gregos, dos filósofos e dos muitos estudiosos que viviam na região naquela época. Paulo era um romano, um homem estudado, apesar da ignorância vigente naquele tempo. Ele conhecia todos os termos difíceis necessários para atrair a atenção daqueles intelectuais. Além disso, suas palavras foram ungidas pela força do Espírito Santo de Deus. Com muita sabedoria, ele conseguiu converter milhares e milhares de pessoas ao cristianismo, falando sobre a vinda do Espírito Santo Paráclito.

Paulo ainda tinha muita coisa a dizer, entretanto, as pessoas ainda não estavam preparadas para ouvir, pois não suportariam suas palavras. Todavia, quando recebermos o Espírito Santo Paráclito, o Espírito da Verdade, Ele nos ensinará toda a verdade, porque não falará por si mesmo, mas nos dirá o que ouvir e nos anunciará as coisas que virão. Ainda hoje há muitas coisas que temos que ouvir, mas não estamos preparados, por isso abra os olhos e os ouvidos do seu coração. Essa é a hora!

7
APEGO

Deus quer entrar na sua vida e transformá-la. Para que isso aconteça, temos que estar dispostos, de coração realmente aberto, para nos desfazer das coisas do mundo. Até aqui temos vivido apenas para acumular bens que nos satisfaçam e que principalmente nos coloquem em um bom lugar aos olhos dos outros.

Queremos ser reconhecidos, admirados, e nos frustramos quando em alguma ocasião isso não acontece. Todos os dias olhamos para o céu, para a cruz e rezamos, confiantes: "Quero ser um instrumento em tuas mãos, Senhor, para mostrar a imensidão do teu amor, esquecer a ilusão, entregar a Ti meu coração". Mas até onde estamos preparados para viver esse amor, o amor Maior? Devemos entregar tudo que juntamos para construir algo muito maior, que está além da nossa imaginação.

Pedimos insistentemente: "Quero a Tua luz no meu caminho para que eu não tropece. Se o perigo me cercar, abranda os corações, me protege como fez com Daniel na cova dos leões. Entra no meu coração, enche minha vida de luz, me ensina o perdão antes do anoitecer, eu quero ter uma vida nova quando o sol nascer". Sabemos com toda a certeza que, quando o perigo chegar, Deus virá nos salvar. Ele cuida de nós, mas se formos de fato sinceros, teremos dificuldade ao responder a pergunta: Até onde estamos prontos para seguir a Deus?

A resposta para essa pergunta que todos nós já fizemos alguma vez é muito simples: Jesus põe-se a caminho, diz o Evangelho, e alguém, esse alguém não tem nome, porque somos todos nós, vem correndo atrás de Jesus, e dobrando os joelhos diante dele, faz-lhe uma pergunta: "Bom Mestre, que devo fazer para possuir a vida eterna?" **(Lc 18,18)**.

Quantos de nós já nos fizemos essa mesma pergunta? Comprar cestas básicas e doar para os pobres? Fazer uma visitinha para um doente? Não. A pergunta que devemos fazer é: O que eu tenho que fazer para ir para o céu? E a resposta para essa pergunta também não se resume a fazer caridade, nem participar da missa devotamente toda semana. Tem gente que vai à missa todo domingo e conhece os mandamentos, mesmo assim, se ficasse em casa, estaria ganhando muito mais.

Para ir para o céu, para possuir a vida eterna, é preciso atentar para algumas respostas de Jesus. Para ir para o céu é preciso não só conhecer os mandamentos, mas principalmente colocá-los em prática. A questão é que a maioria dos católicos conhece os mandamentos, afinal, fizeram a catequese, mas não os vive.

Entre conhecer e viver existe uma diferença muito grande. E muitas vezes aqueles que estão dentro da igreja são os que menos vivem os mandamentos. Em uma de suas parábolas, Jesus diz que é mais fácil uma prostituta entrar no Reino dos Céus do que muitos daqueles que vivem de acordo com as leis. Você ficou escandalizado? Pois é, essas palavras podem ser chocantes, entretanto, foi exatamente o que Jesus quis dizer: É mais fácil uma prostituta ir para o céu do que muitos de nós que estamos aqui dentro da igreja, conscientes dos ensinamentos.

Ele também disse: "É mais fácil um camelo passar pelo fundo de uma agulha do que um rico entrar no Reino de Deus" **(Mt 19,24)**. Como entender essas palavras?

Você conhece os mandamentos de Jesus, pode até ser capaz de citar todos eles de cor — não mate, não cometa adultério, não roube, não furte, não levante falso testemunho, não cometa fraudes, honra teu pai e tua mãe. Porém, muitas vezes nós os interpretamos ao pé da letra, exatamente como fazemos em tantas ocasiões com a Bíblia quando a interpretamos de uma maneira errônea.

Muitos de nós achamos que matar alguém é assassinar, pegar uma faca ou um revólver e dar um tiro, mas não é disso que Jesus está falando. Quantas e quantas vezes nós matamos o nosso irmão com a nossa língua, nossa pior arma? Quantas vezes matamos o nosso irmão quando o caluniamos, roubamos dele o sono, a paz, a serenidade?

Quando Deus diz não roube, Ele está dizendo para não roubarmos a paz do outro. Quantos de nós não somos culpados disso? Quantas vezes não roubamos a tranquilidade e a alegria dos nossos irmãos? Quando Ele diz não cometa adultério, é porque ao fazer isso você estará roubando a felicidade de outras pessoas, estará destruindo a sua família e a do outro também.

Jesus é muito sucinto em algumas palavras, e gosto muito dessa economia, porque ele não se utiliza de meias palavras. Se é, é! Se não é, não é! Não existe mais ou menos com Jesus Cristo. Se existe mais ou menos para mim e para você é porque muitas vezes somos covardes, medrosos, não assumimos com responsabilidade aquele compromisso, aquele desejo de Deus em nossa vida.

Pergunte a si mesmo e busque em seu coração uma resposta muito bem definida para a pergunta: O que eu tenho que fazer para ir para o céu? Para sermos merecedores do dom da vida eterna ao lado de Jesus, temos que conhecer os mandamentos, observá-los e vivê-los, tomando consciência de tudo que é preciso fazer antes da nossa morte.

8
CIÚME

O Velho Testamento tem exemplos de vida e ensinamentos de grande importância para nossa vida. Já o Novo Testamento tem um valor primordial para nossas vidas, pois nele está registrado tudo o que o homem deve fazer para alcançar a salvação. Entretanto, essas duas partes da Bíblia, cada uma com o seu perfil próprio, devem ser sempre lidas e consultadas.

Jesus nos dá um belo exemplo sobre essa questão na passagem que narra seu encontro com os saduceus. Naquele tempo, os saduceus eram aristocratas. Eles eram ricos e ocupavam posições de poder, incluindo o cargo de primeiro-sacerdote e de sumo sacerdote. Eles consideravam apenas a Palavra Escrita como sendo a de Deus. Os saduceus trabalhavam arduamente para preservar a autoridade da Palavra Escrita de Deus, especialmente os livros de Moisés. Jesus, entretanto, questionava algumas de suas práticas.

Vamos ler a Palavra do nosso Senhor:

"**18** Ora, vieram ter com ele os saduceus, que afirmam não haver ressurreição, e perguntaram-lhe: **19** Mestre, Moisés prescreveu-nos: Se morrer o irmão de alguém, e deixar mulher sem filhos, seu irmão despose a viúva e suscite posteridade a seu irmão. **20** Ora, havia sete irmãos; o primeiro casou e morreu sem deixar descendência. **21** Então o segundo desposou a viúva, e morreu sem deixar posteridade. Do mesmo modo o terceiro. **22** E assim tomaram-na os sete, e não deixaram filhos. Por último, morreu também a mulher. **23** Na ressurreição, a quem destes pertencerá a mulher? Pois os sete a tiveram por mulher. **24** Jesus respondeu-lhes: Errais, não compreendendo as Escrituras nem o poder de Deus. **25** Na ressurreição dos mortos, os homens não tomarão mulheres, nem as mulheres, maridos, mas serão como os anjos nos céus. **26** Mas quanto à ressurreição dos mortos, não lestes no livro de Moisés como Deus lhe falou da sarça, dizendo: Eu sou o Deus de Abraão, o Deus de Isaac e o Deus de Jacó **(Ex 3,6)**? **27** Ele não é Deus de mortos, senão de vivos. Portanto, estais muito errados" **(Mc 12,18-27)**.

Os saduceus afirmavam não haver ressurreição. Segundo a lei de Moisés, no caso de um homem morrer, deixando a esposa sem filhos, seu irmão deveria desposar a viúva para garantir a posteridade do falecido. Os saduceus então perguntaram para Jesus: "Senhor, o que vai acontecer com essa mulher, quem vai ser o marido dela no Reino dos Céus?".

É lógico que eles queriam pôr Jesus Cristo à prova. Na verdade, eles queriam era rebater a questão da ressurreição. A doutrina da nossa Igreja nos ensina que "e o Verbo se fez carne e habitou entre nós" **(Jo 1,14)**. Jesus, que se fez homem, viveu por 33 anos, morreu e no terceiro dia ressuscitou, tendo diversos olhos como testemunhas. Depois de ressuscitado, Ele subiu aos céus.

Celebramos a festa da Ascensão do Senhor, e depois a festa de Pentecostes, quando Ele enviou a nós o Espírito Santo. Quando subiu aos céus, Jesus garantiu que não nos deixaria sós, mas que um dia iria voltar. Portanto, devemos ficar atentos às respostas de Jesus. Quanto à ressurreição dos mortos, Jesus esclareceu: "Na ressurreição dos mortos, os homens não tomarão mulheres, nem as mulheres, maridos, mas serão como os anjos nos céus" **(Mc 12,25)**.

A dor, a tristeza e o sofrimento são coisas muito ruins. Mas, ainda assim, é por meio delas que moldamos o nosso caráter, quando somos capazes de compreender que elas são necessárias para se atingir alguma coisa boa. Um bom pai sabe que muitas vezes é necessário dar ao filho um remédio de sabor amargo, mas que no final resultará em sua cura e em seu pleno restabelecimento.

Há tempos que precisamos passar por situações difíceis se quisermos trazer o bem duradouro às nossas vidas. Quando não compreendemos as Escrituras, não entendemos o poder de Deus e erramos, pois vamos com a pergunta já tendo pronta a resposta que queremos receber. Se não nos dispusermos a ler com o coração as Escrituras, também não estaremos dispostos a compreender o poder de Deus em nossas vidas, nem quereremos de fato solucionar nossas dúvidas.

Sobre esse tema, Jesus tem uma lição muito importante para nós: "Errais, não compreendendo as Escrituras nem o poder de Deus" **(Mt 22,29)**. Muitos de nós, que somos cristãos católicos, que comungamos com Jesus na Eucaristia e na Palavra, temos as nossas devoções e frequentamos as missas, erramos porque não compreendemos as Escrituras. E, sem elas, é impossível entender o poder de Deus.

O primeiro erro está exatamente quando você não vive, não pratica a leitura da Palavra de Deus. Somos culpados por não levarmos a Palavra de Deus para o nosso dia a dia. Muitos não têm o costume de carregar a Bíblia na bolsa e todos os dias abri-la para ler e meditar. Dentro das nossas bolsas cabe tanta porcaria, mas não há espaço para a Palavra de Deus. A coisa mais interessante é pedir para uma mulher abrir sua bolsa. Há de tudo lá dentro, mas raramente encontramos a Palavra de Deus.

É por isso que estamos vivendo essa situação. Estamos cada vez mais longe de Jesus Cristo. Erramos quando não meditamos sobre a Palavra, porque assim também deixamos de conhecer o poder de Deus. E quem não conhece esse poder, não o experimentou ainda em sua vida, erra. É uma pena muitos de nós só experimentarmos o poder de Deus tarde demais, quando na verdade já poderíamos estar livres de tantos sofrimentos se houvéssemos antes vivenciado esse poder e tivéssemos colocado em prática a Palavra.

E Jesus dá esta resposta quando você erra: Você não compreende a lei de Deus e não compreende a Palavra. E, consequentemente, não compreende Deus e o seu poder. Você faz perguntas absurdas, está longe de Deus, então está propício ao fracasso, à derrota, à discórdia, à angústia, à depressão, à duvida. A pior coisa é a gente querer uma resposta do céu levando em consideração as coisas da terra.

A maior grosseria é fazer perguntas sobre o mistério. Segundo a própria Palavra, o mistério não pode ser revelado. A maior ignorância é querer comparar as coisas do céu com as da terra. É por isso que Jesus nos dá uma bela lição quando nos diz que não entendemos que no céu não haverá dor, não haverá sofrimento, não haverá angústia nem depressão. No céu todos serão anjos.

Segundo o Evangelho, nosso Deus não é o Deus dos mortos, ele é Deus dos vivos. O Deus que eu conheço, o Deus de Jesus Cristo, o Jesus que eu prego, que já experimentei e continuo experimentando na minha vida, é Aquele que morreu, ressuscitou e subiu aos céus. Ele nos mandou o Espírito Santo e prometeu que um dia iria voltar.

Deus nos garantiu que voltaria: "Eu sou a luz do mundo; aquele que me segue não andará em trevas, mas terá a luz da vida!" **(Jo 8,12)**.

Deus também preparou para nós uma morada na casa do Pai:

"**2** Na casa de meu Pai há muitas moradas. Não fora assim, e eu vos teria dito; pois vou preparar-vos um lugar. **3** Depois de ir e vos preparar um lugar, voltarei e tomar-vos-ei comigo, para que, onde eu estou, também vós estejais" **(Jo 14,2-3)**.

Toda a tristeza será transformada em alegria. Essa alegria jamais nos será tirada, e será completa, pela constante presença de Deus. Meus irmãos e minhas irmãs, precisamos acolher a Palavra de Jesus com fé e esperança, certos de que a tristeza de hoje, colocada nas mãos do Pai, irá se transformar em alegria amanhã. Lembrem-se sempre de que Deus nos criou para sermos felizes e nos abençoar rica e abundantemente todos os dias.

9
DIÁLOGO

João Batista é mais uma prova de que nada pode atrapalhar os desejos do Senhor Deus. João era filho de Zacarias, que era mudo, e de Isabel. Diz a Palavra que Isabel era estéril e, naquela época, a mulher que não podia gerar um filho, aumentar a sua descendência, era considerada um nada. O marido, inclusive, quando descobria a esterilidade da esposa, podia dispensá-la e casar-se com outra mulher.

A questão da descendência era muito forte naqueles tempos. Todo homem tinha que deixar herdeiros. O nome da família tinha peso e precisava ser passado adiante. Por isso, quando observamos a incapacidade de Zacarias, que já carregava um grande fardo por ser mudo, e observamos também a esterilidade de Isabel, que já era inclusive uma mulher de idade avançada, começamos a entender que Deus tem projetos para a nossa vida.

Passamos a compreender exatamente quais são os projetos de Deus e do que Ele é capaz quando nos dispomos à Sua vontade, nos abandonamos a ela, nos colocando totalmente nas mãos e no colo de Deus. Diz a Palavra que, ao completar o tempo da gravidez de Isabel, a mulher que era estéril deu à luz um filho. Os vizinhos e os parentes ouviram dizer como o Senhor tinha sido misericordioso para com Isabel e alegraram-se com ela.

As pessoas ficaram assustadas. Assim como muitos de nós, quando vemos a manifestação de Deus na vida de quem está ao nosso redor. Quantas vezes olhamos a vida do nosso irmão, do nosso vizinho, de alguém bem-sucedido, e os vemos como pessoas abençoadas. E tantas vezes até questionamos: Por que será que essa pessoa alcançou o sucesso e eu ainda não? Por que será que Deus olha para essa pessoa e não olha para mim? Por que será que fulano tem e eu não tenho?

E assim também as pessoas pensavam em relação a Isabel, uma mulher que sofreu terrivelmente a humilhação de não poder gerar filhos, e de repente o povo ouve dizer que o Senhor tinha sido misericordioso para com ela. Como isso seria possível? Por que será que o Senhor foi misericordioso para com Isabel?

No oitavo dia, eles foram circuncidar o menino. Queriam lhe dar o nome do pai. A circuncisão é um rito tradicional e conservador, e perdura até hoje na religião judaica. E era muito comum o primeiro filho levar o nome do pai. A mãe, porém, insistiu para que o menino se chamasse João.

Isabel foi contra a vontade de Zacarias, que queria que o filho tivesse o seu nome. Quando um casal tem alguma desavença, como aconteceu nesse caso com Zacarias e Isabel, só é possível haver um consenso quando os dois decidem tomar uma resolução juntos. Não pode prevalecer nem a vontade do marido, nem a vontade da mulher. Diz a Palavra: "Por isso, o homem deixará pai e mãe e se unirá à sua mulher, e os dois constituirão uma só carne" **(Ef 5,31)**. Isso nos ensina que ninguém manda mais que ninguém. O homem e a mulher, quando casam, se tornam uma só pessoa.

Muitas vezes, entretanto, os casais não chegam a esse consenso, seja por despreparo, seja por falta de maturidade, e então vemos tantas uniões desfeitas e famílias destruídas pela falta de diálogo, só porque a mulher pensa de um jeito e o homem pensa do outro, e é claro que ambos sempre acham que têm razão. Muitas vezes não conseguimos alcançar nossa meta porque não concordamos entre nós mesmos. Na nossa família, cada um pensa de um jeito, cada um manda de um jeito, cada um fala de um modo, e todos se sentem perdidos. Quando o marido e a mulher estão em concordância, unidos em oração, conseguem alcançar a meta que estabeleceram para sua família.

Quando há concordância entre o marido e a mulher, existe a obediência à palavra e à vontade de Deus. Quando isso acontece, compreendemos que Ele tem um projeto para nossa vida, como tinha um projeto para a vida de Zacarias e Isabel. Deus já havia preparado seu plano, e os planos de

Deus não podem jamais ser interrompidos. Isabel sugeriu que o menino devia se chamar João, e os outros lhe disseram que não existia nenhuma outra pessoa em sua família com esse nome. Eles fizeram sinais para o pai, perguntando como queria que o menino se chamasse. Ele pediu uma tábua e escreveu: "João é o seu nome".

Zacarias aceitou fazer a vontade de Deus na sua vida, na de sua mulher e na do pequenino. Para obedecer à vontade de Deus e concordar com a esposa, ele escreveu: "João é o seu nome", como se afirmasse: É como a minha mulher deseja, é como foi traçado por Deus, é como Ele desejou. No mesmo instante, a boca de Zacarias se abriu, sua língua se soltou e ele começou a louvar a Deus.

No dia em que você deixar a vontade de Deus prevalecer na sua vida, tudo aquilo que está travado, parado, amarrado, será solto no nome de Jesus Cristo. A boca de Zacarias se abriu, sua língua se soltou e a primeira coisa que ele falou, a primeira coisa que cantou, foi um louvor a Deus, porque sabia que o Deus dele era o Deus do impossível, porque tinha certeza de que aquilo que era impossível para os homens era possível para o Deus de Abraão, de Isaac e de Jacó. Ele já havia experimentado a presença de Deus, haja vista que sua esposa Isabel era estéril e estava dando à luz um filho, que por sua vez era um fruto da vontade de Deus, que sempre prevaleceu na vida de Zacarias. E quando você também deixar a vontade de Deus prevalecer na sua vida, tudo o que está amarrado se soltará.

Tenha certeza de que tudo será transformado quando Deus entrar na sua casa, na sua vida; quando Deus for o centro da sua história, do seu relacionamento, do seu trabalho, do seu emprego e da sua família, quando você e sua família pararem tudo por causa de Deus e deixarem que Ele prevaleça. Nesses momentos, tudo irá acontecer, pois, como diz a Palavra de Deus: "Tudo posso naquele que me conforta" **(Fl 4,13)**.

E de fato, a mão do Senhor estava com João. Segundo o Evangelho, João cresceu e se fortaleceu em espírito. Ele viveu em lugares desertos até o dia em que se apresentou publicamente em Israel. Como disse o profeta Isaías: "Não basta que sejas meu servo para restaurar as tribos de Jacó e reconduzir os fugitivos de Israel; vou fazer de ti a luz das nações, para propagar minha salvação até os confins do mundo" **(Is 49,6)**.

Diz a Palavra: "O Senhor chamou-me desde meu nascimento; ainda no seio de minha mãe, ele pronunciou meu nome" **(Is 49,1)**. O Senhor tem um projeto já traçado para nós muito antes de sermos gerados no ventre de nossas mães, porém, quando as coisas não acontecem do jeito que esperamos, muitas vezes nos perguntamos: Será que trabalhei em vão? Será que gastei as minhas forças inutilmente? Será que é mesmo esse o plano que Deus tem para mim?

Quantas vezes, meus irmãos e minhas irmãs, nós também batemos no peito e reclamamos: Será que tudo o que fiz até agora não valeu de nada? Será que tudo isso que construí foi em vão? Tudo o que você construir, meu irmão, minha irmã, em qualquer âmbito da sua vida, seja material, espiritual, familiar ou social, qualquer construção que você faça, será em vão se não colocar Deus como prioridade, como a sua mais importante meta. Se Ele não for o dono da sua vida, tudo será em vão.

Deposite sua confiança totalmente nas mãos do Senhor, como foi dito pelo profeta Isaías: "Todavia, meu direito estava nas mãos do Senhor, e no meu Deus estava depositada a minha recompensa" **(Is 49,4)**. O que Deus quer que você entenda com essas palavras é que não basta ser somente um bom servo para restaurar a Igreja e a família. Não basta reconduzir algumas pessoas de volta ao caminho. O que Ele quer é que você seja um exemplo, que se torne um cristão firme em suas palavras e atitudes.

Lembre-se, Deus espera mais de você, Ele te diz: "Antes que no seio fosses formado, eu já te conhecia; antes de teu nascimento, eu já te havia consagrado, e te havia designado profeta das nações" **(Jr 1,5)**.

Todas as vezes que chegamos com a proposta da luz, as trevas temem, se rebelam, lutam. Todas as vezes que você quer levar Jesus Cristo para sua casa, você se depara com as resistências e já sabe o que vai ouvir. Você é taxado de beato, louco, ratazana de sacristia. Você pode até ficar magoado, mas não deve enfraquecer jamais. Eles não dizem que você está louco? Então, seja louco, mas louco por Jesus Cristo, porque você não vai se decepcionar. Nunca.

10

TRISTEZA

No Evangelho, há uma passagem que é conhecida por todos como "os discípulos de Emaús". Esse episódio nos diz que no terceiro dia da Páscoa, o terceiro dia após a ressurreição de Jesus, dois discípulos andavam rumo a uma aldeia chamada Emaús. Eles iam falando um com o outro sobre tudo que havia acontecido, tudo o que tinha se passado com a prisão e a morte de Jesus; iam tristes, abatidos, desanimados, caídos, e enquanto estavam conversando, tentando entender tudo aquilo, Jesus se aproximou e começou a caminhar com eles. Mas eles não reconheceram Jesus!

Que coisa estranha: como é que Jesus entra no meio daqueles que eram seus discípulos, fala com eles e estes não conseguem reconhecê-Lo?

Diz-nos ainda a Palavra que os olhos deles estavam como que vendados, e eles não O reconheceram. E Jesus pergunta: "Por que estão tristes?". Os discípulos assustados olham para Ele e respondem: "Você é o único homem aqui de Jerusalém que não sabe o que aconteceu. Como pode? Isso é um absurdo!".

A pergunta de Jesus assustou os discípulos porque o evento da Paixão e de sua morte foi conhecido por todos, não se falava em outra coisa em toda a redondeza. Propositadamente Jesus lhes pergunta o que aconteceu. Até esse momento eles não haviam reconhecido Jesus, apesar de serem seus discípulos, terem ouvido as Suas palavras e de terem-No acompanhado por todos os lugares.

A explicação dada por Jesus é que eles não conseguiram reconhecê-Lo porque estavam tristes. Isso mesmo, não conseguiram reconhecer Jesus no meio deles porque estavam tristes.

Meu querido, minha querida, todas as vezes na nossa vida quando sentimos muita tristeza, muita angústia, não conseguimos enxergar Jesus Cristo, não conseguimos enxergar um modo de nos levantar, nos reerguer, não conseguimos enxegar a luz no final do túnel... Todas as vezes que estamos com problemas e enfrentando dificuldades, facilmente nos abatemos, desanimamos e não conseguimos resolvê-los, porque enquanto não pararmos e renunciarmos à tristeza, não renunciarmos a esse desânimo, enquanto não nos levantarmos e confiarmos que Deus está conosco, não vamos conseguir seguir em frente.

Precisamos responder a Jesus, como seus discípulos responderam, e escutá-Lo, como eles O escutaram enquanto Ele lhes explicava a palavra, como tudo ia acontecer; e assim o coração deles ardeu em brasa e logo se sentiram renovados, transformados, curados daquela dor. É exatamente essa a proposta de Deus para mim e para você hoje e sempre! A graça, a força e a misericórdia de Deus devem ser renovadas dia após dia em nós, porque a tristeza e o desânimo nos cegam.

Meu irmão, minha irmã, é preciso ter Deus na nossa vida, pois Ele nos criou para sermos felizes! Deus não se satisfaz com a nossa tristeza, Deus não se satisfaz com as nossas angústias, com a nossa depressão. Porque Ele sabe que a tristeza em nossa vida, no nosso coração, na nossa alma só vai nos deixar de olhos fechados, e de tal maneira que não vamos conseguir reconhecer a Sua presença entre nós. Jesus está sempre presente na nossa vida, mas não conseguimos enxergar isso. Precisamos escutar Jesus, deixar que Ele toque em nosso coração e faça arder a chama do amor, da esperança, da felicidade e da fé.

É estranho quando ouço: "Acho que Deus me abandonou". Eu digo a você, meu irmão, minha irmã: Deus não te abandonou, talvez você é que O tenha abandonado. E, mesmo assim, te digo com toda a certeza que Deus não vai abandonar você! Sabe por quê? Porque o amor de Deus é muito maior do que qualquer pecado seu. Porque o amor de Deus por mim e por você é muito maior do que qualquer situação negativa na nossa vida. Mesmo que você tenha se esquecido de Deus, Ele não se esqueceu, e não se esquece de você!

É preciso que hoje você se convença e diga a si mesmo: Eu hoje tomo posse da minha alegria! Eu tomo posse do meu milagre! Eu tomo posse da minha cura! Eu tomo posse do meu emprego! Eu tomo posse da minha felicidade, porque quero ser feliz. Eu tenho Jesus Cristo na minha vida e, pelo poder do Seu nome e do Seu sangue, proclamo a minha vitória sobre essa situação!

Esta vida só vale a pena se formos felizes, meus irmãos. Ela só vale a pena se tivermos Jesus Cristo, porque se você O tem, você tem tudo! Esteja convicto de que muitas vezes não conseguimos enxergar a presença de Jesus na nossa vida porque estamos com os olhos vendados pela nossa tristeza, pela nossa angústia, pela nossa depressão e principalmente pelo nosso desespero, ou pior, muitas vezes nossos olhos estão fechados pelo orgulho, pela vaidade, pela inveja. E aí não conseguimos achar a saída, perdemos o rumo de casa.

Quando estamos desesperados, não conseguimos encontrar a saída. É isso que acontece comigo e com você quando estamos tristes, aflitos. A gente perde o rumo de casa, perde o rumo da porta de saída. Somos engolidos pelo medo, o medo do fracasso, do julgamento dos outros, o medo de não corresponder ao que esperam de nós. Hoje temos a necessidade, quase a prioridade, de agradar aos outros, de fazer aquilo que os outros acham que é bom, que está na moda, que é moderno, quando na verdade é preciso dar ouvidos somente a quem te ama, e pouco importa o que pensam de ti, como diz meu amigo padre Fábio de Melo: "O mais importante é o que Deus sabe a teu respeito".

Você não conseguiu resolver o problema até hoje, sabe por quê? Porque você não parou para pensar e escutar o que Jesus nos disse ontem, nos diz hoje e vai nos dizer sempre! E para estar com Jesus é preciso parar, é preciso sair da confusão, é preciso sair do barulho, é preciso rezar! Buscar a Ele e dizer: "Jesus, me ajuda! Mostra-me o caminho, eu preciso sair desse problema, preciso de uma solução. Mostra-me o caminho. Tenho dois caminhos, Senhor, qual é o melhor? Aliás, tenho vários caminhos, mas qual é o melhor, Senhor?".

É preciso planejar, olhar, buscar e ver aonde é que vai dar esse caminho, se ele vai dar certo, se tudo vai correr bem. No meio da confusão, do desespero, do barulho, da tristeza, da angústia, da fofoca, você não consegue resolver nada! Fica como os discípulos de Emaús, andando a esmo, voltando para casa sem solução, sem saber o dia de amanhã. Estavam tão atribulados, tão desnorteados que, apesar de ouvir e acompanhar Jesus, de ver tantos e tantos milagres, curas e libertações, eles aceitaram que Jesus tinha morrido.

Não aceite a morte da sua felicidade, da sua alegria, da sua paz, da sua vitória. Ressuscita, meu irmão, sai do que te aprisiona, sai do túmulo e tome posse agora da palavra que diz: "Eu vim para que as ovelhas tenham vida e para que a tenham em abundância" **(Jo 10,10)**.

Veja que Jesus havia dito por várias vezes a todos que no terceiro dia iria ressuscitar. Temos que aprender a viver o Tempo de Deus na nossa vida. Era apenas o primeiro dia e, para eles, tudo estava perdido. O tempo de Deus não é o nosso tempo; a vontade de Deus não é a nossa vontade; o desejo de Deus para nós não é o nosso desejo. Temos que aprender a sofrer as demoras de Deus, porque sem dúvida Ele irá fazer alguma coisa por você. Até o último instante do prometido, pode esperar no Senhor, confia ao Senhor todas as suas preocupações, que Ele cuidará de ti! O tempo do Senhor ainda não acabou, o tempo de Deus ainda não se esgotou, meu irmão. Até o último dia da sua vida, ainda há tempo. Até o último suspiro, há tempo.

Sempre haverá tempo para Deus, ore com fé, deixe que seu coração fale tudo aquilo que você precisa falar com Ele. Faça sempre esta simples oração no seu dia a dia: "Senhor, tu podes, eu não posso. Não olhes para a minha miséria, porque eu sou um pecador, aja poderosamente na minha vida! Eu Te peço, Senhor, sopra o Teu espírito, transforma, restaura, renova minha vida!".

Precisamos todos os dias pedir como esses discípulos de Emaús: Fica conosco, Senhor! E fazer como eles, que, num determinado momento do dia, param tudo, convidam Jesus para entrar e cear com eles e, no momento de partir o pão, os seus olhos se abrem e eles reconhecem que Jesus está entre eles. Isso mesmo, Ele está entre nós.

E a Palavra termina com os discípulos de Emaús comentando: "Nossa, como ardia o nosso coração quando ele nos explicava as escrituras pelo caminho". É assim que acontece comigo e com você, na nossa vida todos os dias, se abrirmos os nossos ouvidos para a palavra e os nossos olhos para a Eucaristia, enquanto caminharmos, Jesus estará conosco.

O seu coração vai se abrir, você vai sair da escuridão, a sua tristeza irá embora, os seus olhos vão se abrir e tudo ficará claro. E você conseguirá resolver todos os seus problemas, porque Jesus disse: "Eu sou a luz do mundo; aquele que me segue não andará em trevas, mas terá a luz da vida!" **(Jo 8,12)**.

11
ERROS

Mesmo com os contratempos, com as dificuldades que passamos, a Palavra de Deus é sempre nova e nos dá esperança todas as vezes que a colocamos em prática na nossa vida. Ela é sempre muito verdadeira e atual. Todas as vezes que tomamos a Palavra em nossa vida, ainda que seja um Evangelho que já tenhamos lido ou escutado muitas vezes, ela sempre traz uma renovação, tem sempre uma mensagem inédita. Sabe por quê? Porque o Espírito Santo sopra onde quer, quando quer e para quem Ele quer.

Esteja preparado. Tenho certeza de que hoje o Espírito Santo de Deus vai nos deixar um recado, certamente uma boa-nova, a direção que há muito você vem tentando seguir e não consegue, porque deseja ir sozinho, se acha autossuficiente, sábio, melhor do que os outros. Entretanto, ninguém é melhor do que ninguém.

Hoje o recado que você precisa escutar de Deus é aquilo que já sabe muito bem, mas não toma consciência, não assume. A palavra te diz hoje: "Deus amou o mundo, que deu seu Filho único, para que todo o que nele crer não pereça, mas tenha a vida eterna!" **(Jo 3,16)**.

Meu irmão, minha irmã, Deus não nos criou para perecermos, não nos criou para a tristeza, para a angústia, não fomos criados para a derrota. Ele nos fez vitoriosos. Deus é um pai bondoso, uma mãe terna, e como todo pai e toda mãe, deseja a seu filho somente coisas boas. Como todo pai e toda mãe, Ele deseja que o filho cresça na alegria, na abundância, na sabedoria, e não que pereça em sofrimentos, perdido no pecado.

Assuma Jesus na sua vida, assuma o que Ele te dá, o que Ele já te deu. Assuma a vontade de Deus para sua vida. Se você está sofrendo, se está amargurado, triste, angustiado, se está perecendo, alguma coisa está errada, pois não é isso que nos diz a Palavra. A Palavra é clara e diz que todo aquele que crê em Jesus Cristo, o Filho de Deus, não perece, não sofre, não morre, não se angustia, não fica triste. Quem crê em Jesus Cristo tem tudo. Dificuldades e problemas são apenas situações que fazem cada vez mais nos mantermos firmes e fortes diante de Deus.

Deus não te dá problemas, Deus te dá soluções! Ele não te criou para a tristeza, mas para a felicidade. Deus te quer feliz, mas e você? Quer ser feliz?

Meu irmão, não deposite a sua felicidade nas mãos de outras pessoas. Tenho dito várias vezes a inúmeras pessoas que têm problemas com a família, o emprego ou os relacionamentos que nosso grande problema é sonhar os sonhos dos outros, sonhos que não são os nossos, aquilo que muitas vezes não é o que queremos, mas o que o outro quer. Reflita se o que você deseja, o que sonha, não é o sonho, a vontade daquele que está próximo, aquele a quem você deseja agradar. Muitas vezes as pessoas precisam de coisas simples, que geralmente estão ao nosso alcance: um sorriso, um abraço, um momento de atenção. Por que sempre acreditamos que as pessoas esperam mais e que temos a responsabilidade de lhes dar muito mais?

Reflita sobre isso. Eu reflito sobre tudo o que acontece na minha vida. Aliás, vejo o sinal de Deus em tudo, nas coisas boas e nas ruins. Não adianta querer o melhor para o outro se ele não quer o que você considera ser melhor. Você pode gostar muito de algo e o outro pode não gostar. Acreditar que sabemos exatamente o que o outro precisa é querer que esse outro tão amado viva nossos sonhos, realize nossas vontades.

Vejam este exemplo: O pai e a mãe amam incondicionalmente o filho e lhe querem o bem, e se angustiam quando veem que ele está saindo para buscar o próprio caminho, viver a própria experiência. Procuram cercar com cuidado todos os caminhos que o filho quer trilhar, tentam falar o que não vai dar certo, mostrando onde estão as pedras e os buracos. O amor, meu irmão, minha irmã, também se faz na liberdade do outro. Se ele quiser seguir outro caminho e não for bem-sucedido, será um grande aprendizado para ele, certo? Olha, você também já foi filho um dia.

Não se angustie, não fique procurando falhas, motivos, culpando o mundo porque as coisas vão mal para você. Isso está acontecendo porque você depositou a sua felicidade na vida do outro, depositou no outro a *sua* responsabilidade de ser feliz, está colocando nos ombros de quem ama um fardo muito pesado. Não faça isso, meu irmão. Ser feliz depende de você, do seu querer, da sua vontade, da sua construção do próprio caminho.

Respire fundo, bata no peito e diga: "Eu quero!". Porque uma coisa é certa: Deus quer você feliz! Lembre-se: "Ele amou tanto o mundo que deu Seu filho único para que todo o que Nele crê não pereça" **(Jo 3,16)**. Ele não quer que pereçamos, não quer que soframos.

Muitas vezes somos nós que queremos sofrer. Por que você está lutando tanto para sair de uma situação difícil e parece que essa luta não está resolvendo nada? Os dias vão passando depressa e a vitória parece tão longe, tão impossível? Você precisa tomar uma decisão, uma posição, ser firme no seu propósito e pronto. É só deixar que Deus te mostre o caminho, a saída.

Deus não quer que você pereça, não quer que sofra, e se essa situação está lhe fazendo sofrer, alguma coisa está errada. Como está a sua vida com Deus? É preciso que você tome consciência, tome uma posição, uma atitude. É preciso que você se descubra. Não fique sempre com as mesmas murmurações: "Não sei mais o que faço da minha vida; não sei mais o que fazer...". Você tem que mudar, tomar uma atitude, dar o primeiro passo. Você precisa agir! Deus espera que você também faça a sua parte. Deus, como aquele pai amoroso, como aquela mãe dedicada, estará ao seu lado, te levando pela mão. Escute a Deus, olhe o que Ele te diz: "Deus não enviou o Filho ao mundo para condená-lo, mas para que o mundo seja salvo por ele!" **(Jo 3,17)**. Deus quer a nossa salvação, quer a nossa alegria, a nossa realização, a nossa felicidade! Como Pai compreensivo, carinhoso, Ele espera nossa volta, pacientemente.

Não podemos viver uma mentira, uma hipocrisia, precisamos ter coragem para tomar uma decisão, porque a nossa felicidade não depende do outro, do que ele pensa, de como age, ou do que ele quer. Precisamos ser felizes independentemente do que o outro pensa, do que o outro espera. Sua felicidade só depende de você, da sua prontidão consigo mesmo, e com o propósito de Deus para sua vida. O outro, do seu próprio jeito, também estará feliz!

Deus só quer o nosso bem, e generosamente espera que estejamos prontos, disponíveis para a Sua ação. Apenas rezar e esperar não traz as mudanças que necessitamos nesse momento da nossa vida, é preciso ter atitudes. Ser católico exige atitude, é só por meio das atitudes que seremos capazes de reconhecer a ação de Deus em nós e demonstrar ao mundo nosso milagre.

Ele nos enviou o seu filho único, Jesus, seu único bem! Quem tem Jesus Cristo tem tudo, tem todas as coisas boas, não sofre. Sabe confiar e obedecer, reconhece o tempo de Deus para todas as coisas, está disposto a servir.

Eu sou de Jesus Cristo. Ele fez todas as coisas boas para nós. É preciso que você viva isso com dignidade.

Deixe o sopro do Espírito Santo de Deus, em todos os dias, em todos os momentos, em todas as situações, te guiar, te iluminar, te enriquecer, enchendo de paz a tua alma!

12

HUMILHAÇÃO

O livro de Tobias, no Velho Testamento, conta a história de duas famílias judaicas aparentadas, deportadas em Nínive, na Mesopotâmia, e em Ecbátana, na Pérsia. Tobit, chefe da família de Nínive, fica cego e envia seu filho Tobias para buscar certa importância em dinheiro, guardada na casa de um amigo em uma cidade distante. Durante a viagem, protegido pelo arcanjo Rafael, Tobias se encontra com Sara, sua prima que era atormentada por um demônio, e se casa com ela.

Sara tinha sido dada sucessivamente a sete maridos por maldade da sua madrasta, a serva do seu pai. Mas logo que eles se aproximavam dela, um demônio chamado Asmodeu os matava. Essa mulher, como muitas de vocês mulheres do Brasil e do mundo, sofreu uma terrível humilhação.

Também Tobit, o pai de Tobias, sofre uma terrível humilhação, não apenas por causa da sua cegueira, mas também por sua família, que se afastou de Deus. E Tobit, suspirando em meio a lágrimas, põe-se a orar: "Vós sois justo, Senhor! Vossos juízos são cheios de equidade, e Vossa conduta é toda misericórdia, verdade e justiça. Lembrai-vos, pois, de mim, Senhor" **(Tb 3,2)**.

Essa prece é parecida com a de Sara, que, orando com fervor, suplicava a Deus, também chorando, que a livrasse dessa humilhação: "Vós sabeis que eu nunca desejei homem algum, e que guardei minha alma pura de todo o mau desejo. Nunca frequentei lugares de prazer nem tive comércio com pessoas levianas" **(Tb 3,16-17)**.

Humilhação, esse é um sofrimento que não quer calar no nosso coração. Quantos de nós, muitas vezes, ou quase todos os dias, nos colocamos diante do Senhor, nos prostramos diante de Deus, diante da Sua presença, e perguntamos a Ele por quê? Deus, por que estou merecendo isso? Deus, por que estou passando por esse percalço? Deus, por que estou vivendo essa situação? Até quando, Senhor, até quando vou sofrer assim, até quando, Senhor, vou ficar vivendo essa humilhação?

Meu irmão, minha irmã, você vai viver assim até o dia em que se prostrar diante de Deus e fazer como Sara, retirando-se para orar com toda a força da sua fé.

O próprio Jesus nos ensinou:

"**5** Quando orardes, não façais como os hipócritas, que gostam de orar de pé nas sinagogas e nas esquinas das ruas, para serem vistos pelos homens. Em verdade eu vos digo: já receberam sua recompensa. **6** Quando orares, entra no teu quarto, fecha a porta e ora ao teu Pai em segredo; e teu Pai, que vê num lugar oculto, recompensar-te-á. **7** Nas vossas orações, não multipliqueis as palavras, como fazem os pagãos que julgam que serão ouvidos à força de palavras. **8** Não os imiteis, porque vosso Pai sabe o que vos é necessário, antes que vós lho peçais. **9** Eis como deveis rezar: PAI NOSSO, que estais no céu; santificado seja o vosso nome; **10** venha a nós o vosso Reino; seja feita a vossa vontade, assim na terra como no céu; **11** o pão nosso de cada dia nos dai hoje; **12** perdoai-nos as nossas ofensas, assim como nós perdoamos aos que nos ofenderam; **13** e não nos deixeis cair em tentação, mas livrai-nos do mal. **14** Porque, se perdoardes aos homens as suas ofensas, vosso Pai celeste também vos perdoará. **15** Mas se não perdoardes aos homens, tampouco vosso Pai vos perdoará" **(Mt 6,5-15)**.

E eu vou lhes dizer, meu irmão, minha irmã, que na sua depressão, na sua tristeza, na sua angústia, a solução não é ir para o quarto, se trancar, ficar sem beber nem comer, sem ver ninguém. Compreenda primeiro o que é essa depressão e verá que a origem desse mal é o fato de que, apesar de você ter tudo, uma boa casa, carro, bens materiais, emprego, uma família harmoniosa, falta Jesus em sua vida, já que em geral não O colocamos em primeiro lugar!

Um dia desses, alguém muito sábio me disse: "Quando estou deprimido e estressado, sabe para onde vou? Vou para a igreja. É lá que curo a minha depressão, o meu estresse". Tudo será por fim diferente em sua vida quando você descobrir que sem Jesus Cristo você é nada; que seu orgulho, sua estupidez, ganância, vaidade, o seu dinheiro, o seu poder, a sua fama não te levarão a lugar nenhum, porque você veio do pó e voltará para o pó.

Então, para que tanta ignorância? Para que tanta fofoca, tanta picuinha, tanta maledicência, tanto julgamento? Essas coisas só o afastam de Jesus Cristo.

Você descobrirá o caminho da felicidade quando adquirir uma consciência definitiva de que só Jesus Cristo lhe basta. Só Ele cura, salva, e que só Ele pode te fazer feliz. Só Jesus Cristo pode nos tornar pessoas realizadas. Jesus é capaz de dar tudo aquilo de que você precisa e deseja, porque Ele é o dono de tudo. Seja você então o filho do dono do mundo, porque, se você for o filho do dono, terá o mundo em suas mãos! Quem tem Jesus Cristo, tem tudo. Como diz a Palavra de Deus: "Tudo posso naquele que me conforta" **(Fl 4,13)**.

Até quando você vai continuar emburrado, trancado no quarto? Você sabe que essa atitude não resolverá os seus problemas. Por que você espera por resultados diferentes se faz tudo sempre igual? Deus não vai mudar a sua vida se você não mudar primeiro.

Então, muda de vida, meu irmão, sai do comodismo, abre a porta do seu quarto. Existem tantos lugares onde precisam da sua ajuda. Vá servir o seu próximo. É isso que Deus espera de nós, que sejamos dignos para servir. O dia em que você buscar alguma coisa para fazer, tudo será diferente. Ao continuar dentro de casa, à toa, sem trabalho, sem ir à igreja, sem fazer qualquer boa ação, você realmente irá apenas se deprimir, se angustiar e sofrer. Isso serve principalmente para você, que vive 24 horas conectado no Facebook, na internet, vivendo o irreal, que passa horas e horas vivendo uma solidão doída. Esta, aliás, é a pior das solidões, aquela que se vive em grupo. Você sente os olhos das outras pessoas, mas não pode enxergar dentro delas, imagina inúmeros amigos, mas todos sem rosto, sem vida, conversando num silêncio sufocante. Estamos vivendo um mundo de mentiras, de máscaras, onde não precisamos admitir nossos fracassos nem temos que encarar a nós mesmos, pois todas as nossas experiências são inventadas. Infelizmente é isso que está acontecendo, não existe mais relação afetiva, amorosa, abraço, bate-papo cara a cara. O mundo não está enfrentando uma crise financeira, o mundo está vivendo uma crise afetiva.

Os nossos encontros precisam ser fraternos e reais. E assim também precisa ser o seu encontro com Jesus Cristo. É preciso ser verdadeiro e seguir o exemplo de Sara. Quando percebeu que ficar no quarto sem comer e beber durante três dias não dava em nada, ela orou com fervor, suplicando a Deus. A oração fervorosa de Sara, realizada com total fé em Deus, foi ouvida, e Deus a tirou daquela humilhação, assim como também tirou Tobit de um momento difícil. Tobit era um judeu justo e fiel a Deus, que descobriu que a verdadeira sabedoria e o caminho para a felicidade consistem em amar a Deus e obedecer aos seus mandamentos, independentemente das circunstâncias.

Jesus quer te tirar da humilhação, porém é preciso que você dê o primeiro passo, porque Deus não vai mudar a sua vida se você não mudar primeiro. É preciso que você saia do quarto fechado, saia da tristeza, da angústia, da depressão e coloque-se na presença de Deus. Ore com fervor, com fé: "Senhor, eu acredito, eu confio, sei que o Senhor veio para me dar vida em abundância e plenitude. Por isso, Senhor, eu tomo posse da Sua graça, tomo posse do Seu amor, tomo posse da Sua cura, tomo posse da Sua libertação, tomo posse das coisas maravilhosas que o Senhor deseja que aconteçam na minha vida. Tomo posse de todas as graças que Deus tem para mim e para os outros". Amém!

13
EGO

A palavra nos diz:

"**1** Guardai-vos de fazer vossas boas obras diante dos homens, para serdes vistos por eles. Do contrário, não tereis recompensa junto de vosso Pai que está no céu. **2**
Quando, pois, dás esmola, não toques a trombeta diante de ti, como fazem os hipócritas nas sinagogas e nas ruas, para serem louvados pelos homens. Em verdade eu vos digo: já receberam sua recompensa. **3** Quando deres esmola, que tua mão esquerda não saiba o que fez a direita.
4 Assim, a tua esmola se fará em segredo; e teu Pai, que vê o escondido, recompensar-te-á" **(Mt 6,1-4)**.

Esse é um trecho do Evangelho de São Mateus recheado de diversos conselhos para o nosso dia a dia. É uma mensagem exposta de maneira muito simples, para que possamos entender melhor o que significa escutar com os nossos ouvidos de carne, mas também com os ouvidos do coração.

Nessa passagem, Jesus está nos dizendo: Olha, você que gosta de fazer as coisas só para mostrar para os homens, para os outros, e ainda acima de tudo fazê-las em meu Nome, que é o pior. Olha, você que quer levar vantagem usando o Meu Nome, usando a Igreja, usando a Palavra de Deus, apenas para aparecer, só para fazer bonito, para agradar aos homens. Que pena! Tenho uma péssima notícia para você: o Nosso Pai que está no céu não te dará recompensa nenhuma.

Essa atitude é muito comum dentro da Igreja. Eu vivi muitas experiências magníficas quando fui pároco, mas também passei por muitas situações péssimas. Muitas vezes testemunhei briga de vaidades, competição, pessoas que querem apenas aparecer para o padre e se mostrar diante da comunidade. E quantas vezes foi preciso reunir os grupos das pastorais e lhes dizer: Parem de hipocrisia, vocês estão fazendo isso apenas para me agradar? Vocês vão se dar sempre muito mal, porque, ou faça para Jesus Cristo, ou então não faça nada. Se for apenas para impressionar os homens, é melhor não fazer. Porque ficar 24 horas tentando mostrar para as pessoas que você faz algo bonito, que faz melhor, que faz bem, de nada adianta. Nada disso fará com que você alcance a recompensa do Nosso Pai.

Em qualquer lugar onde existe o ser humano, existe o pecado, existe a vaidade, existe a maldade. Muitas vezes é preciso falar sem rodeios, dizer: Meu irmão, você está errado, não se faz as coisas para Deus assim! Não se faz para mostrar para o outro, não se faz de qualquer jeito. Quantas vezes as coisas são malfeitas só para mostrar ao outro.

Se for para Jesus Cristo, ou você faz tudo do bom e do melhor, de coração sincero, ou está perdendo tempo, pois não terá a recompensa do Nosso Pai, que tudo vê e reconhece a honestidade dos seus atos. Quando você dá esmola, não precisa alardear para o mundo. Nós sabemos que a coisa mais horrível que existe é pedir, como isso é difícil, como nos humilhamos quando pedimos, e como é mais humilhante ainda receber uma doação quando esta vira uma espécie de prêmio para quem doou, que sai anunciando para todo mundo ouvir: Eu dei! Sabe, tem gente que não dá nada e acha que está dando tanta coisa, e sai gritando para todo mundo: Eu ajudei, fiz e aconteci. Na verdade, meu irmão, minha irmã, isso não significa nada.

Onde está a sua generosidade? Busque-a! Generosidade é aquilo que é dado com o coração. Existe um ditado popular do qual gosto muito: O pouco com de Deus é muito, e o muito sem Deus é nada. Convém lembrar que aquele que semeia pouco, pouco colherá, aquele que semeia em profusão, em profusão colherá. Então, qual é o segredo? Qual é a receita? Jesus nos dá a resposta: a questão não é você dar muito ou dar pouco. Dê conforme o impulso do seu coração, sem tristeza, sem constrangimento. Deus ama quem dá com alegria.

Deus é poderoso para nos cobrir com toda espécie de benefícios, para que tenhamos sempre o necessário e ainda sobre muito para toda espécie de boas obras.

Lembro-me de que, quando me ordenei padre, minha leitura do Evangelho foi:

"**8** Ordenou-lhes que não levassem coisa alguma para o caminho, senão somente um bordão; nem pão, nem mochila, nem dinheiro no cinto; **9** como calçado, unicamente sandálias, e que se não revestissem de duas túnicas" **(Mc 6,8-9)**.

"[...] não vos preocupeis por vossa vida, pelo que comereis, nem por vosso corpo, pelo que vestireis" **(Mt 6,25)**, porque o Vosso Pai que está no céu vai cuidar de você. "Buscai em primeiro lugar o Reino de Deus e a sua justiça, e todas estas coisas vos serão dadas em acréscimo" **(Mt 6,33)**.

O dia em que você buscar primeiro o reino de Deus e a justiça Dele, tudo mais vai vir por acréscimo: casa, carro, comida, roupa, o que você precisar. A palavra de Deus diz tudo.

Olhe para si mesmo e veja o que está acontecendo com você, o que está acontecendo com o outro, e reflita um pouquinho. Fala-se de tudo, mas não se fala de Jesus Cristo. A mídia anuncia tanta coisa, mostra inúmeras imagens e vários acontecimentos. Há diversas formas de nos comunicar: WhatsApp, Facebook, Skype, e tantas outras. Porém, não se fala de Jesus Cristo. Não focam a câmera em Jesus Cristo. Paramos tudo, somos capazes de parar absolutamente tudo quando a tela da TV, do computador ou do próprio celular se acende, colorida, luminosa. Você já parou para comemorar a vitória do seu time, para aplaudir artistas, se emocionar com novelas, rir de situações estúpidas que muitas vezes expõem o seu próximo, corre para a frente de uma TV porque não quer perder o último capítulo da novela, ou aquele filme que havia tanto tempo queria assistir. Você corre para desbloquear o celular para ver vídeos e mensagens, para conferir o Facebook. E eu te pergunto: Você é capaz de parar para gritar a vitória de Jesus Cristo na sua vida? É capaz de parar tudo na sua casa por causa de Jesus Cristo? Hoje você se reuniu com a família diante da TV, convidou seus vizinhos para aquele programinha, mandou mensagens pelo celular para combinar festas e encontros. Mas você tem coragem de parar com seu pai, sua mãe, com seu filho, sua mulher, seu marido e seus vizinhos para rezar o terço diante da imagem de Nossa Senhora, diante do crucifixo, para fazer uma oração, para meditar sobre a Palavra de Deus? Você tem coragem de anunciar Jesus Cristo para quem ainda não o conhece? De muitos ouço a resposta de que não encontram tempo para isso, que a vida está enrolada, que é difícil conciliar os horários da família.

Você para tudo por causa do mundo, mas não para por alguns minutos para se dedicar a Jesus Cristo. Aí, de repente, percebe que perdeu o rumo de tudo, a família está uma bagunça, os filhos se rebelam, os pais não têm voz ativa. As famílias estão mergulhadas no desrespeito e na desarmonia, com os filhos perdidos e os pais se sentindo despreparados. Enfim, tudo parece estar tomado pelo caos.

Por que você não para por Jesus Cristo? Por que na sua casa entra de tudo, mas, até hoje, não entrou Jesus Cristo? Busque no seu coração, reflita: em que momento da sua vida Cristo deixou de ser importante, deixou de ser uma referência e passou a ser apenas um crucifixo que faz parte da decoração da sua casa, alguém para ser lembrado só em algumas ocasiões? Em que momento o controle remoto da TV, o aparelho celular, o computador tomaram mais tempo no seu pensamento?

Meu irmão, minha irmã, se Jesus Cristo não entrar na sua casa, se Ele não entrar na sua vida, se você não abrir as portas do seu coração e der livre acesso para que Deus possa realmente invadir e transformar a sua vida, sua existência será sempre infeliz, vazia, insatisfatória, sempre estará faltando o tempero. Lembre-se de que Jesus nos disse:

"**13** Vós sois o sal da terra. Se o sal perde o sabor, com
que lhe será restituído o sabor? Para nada mais serve se-
não para ser lançado fora e calcado pelos homens. **14** Vós
sois a luz do mundo" **(Mt 5.13-14)**.

14
CURA

É sempre uma alegria estar com nossa família, estar juntos em torno da mesa, e principalmente conseguir nos reunir em casa para rezar, para ouvir o que o Senhor tem a nos dizer. Nós precisamos deixar o Espírito Santo de Deus invadir nossa vida, nossa casa, nos inspirar, nos iluminar, nos dar a direção. A Palavra de Deus é exatamente aquilo que precisamos ouvir. Ela é a mesma há 2 mil anos, mas a cada momento que você a lê, ela pode ser diferente, pode mostrar algo novo.

Quando deixamos o coração livre, o Espírito fala para nós aquilo que toca nosso coração, seja uma consolação, uma advertência, um sentimento de paz, amor ou felicidade. E Ele fala diretamente para quem lê, embora muitas vezes tenhamos a impressão de que aquela palavra que saiu não era para nós, porque temos a mania de nos preocupar com o erro do outro e de não enxergar o nosso. Olha, a minha boca está bem pertinho dos meus ouvidos, tudo o que eu falo serve primeiro para mim, e depois servirá para quem precisar. É Deus que fala, se você gostou, amém, se você não gostou... amém do mesmo jeito.

Quem busca a Deus deve ouvir com os ouvidos do coração, bem atentos, e se a palavra proferida machucar sua ferida, é um bom sinal, é sinal de que essa ferida precisa ser curada. Muitas vezes temos a vida cheia de feridas infeccionadas, e se não as limpamos, se não as lavamos, se não aplicamos o remédio, mesmo que isso nos cause dor, essa ferida não cicatrizará.

A Palavra de Deus é como um bálsamo em uma cicatriz, é o alimento, é o remédio para nossa alma ferida, que precisa ser lavada e curada. A Palavra também chama a nossa atenção para a prudência de guardar Seus ensinamentos, de fazer boas obras, longe dos olhos dos homens, pois, caso contrário, não receberemos a recompensa do Nosso Pai que está no céu. A Palavra está repleta de alertas para preocupações exageradas, como: "Ninguém pode servir a dois senhores, porque, ou odiará a um e amará o outro, ou dedicar-se-á a um e desprezará o outro. Não podeis servir a Deus e à riqueza" **(Mt 6,24)**. Ou você está aqui ou está lá; segundo a Palavra de Deus, é impossível estar em dois lugares ao mesmo tempo. Tenha sempre a Bíblia aberta, assim se lembrará sempre da promessa de Deus: "Pedi e se vos dará. Buscai e achareis. Batei e vos será aberto" **(Mt 7,7)**.

15
GANÂNCIA

Eu sempre digo que Deus nos fez para sermos felizes! Então por que você não é?

Aposto que você se faz essa pergunta todos os dias.

E eu sempre repito as mesmas perguntas: Por que você espera resultados diferentes se faz tudo sempre igual? Por que não tenta fazer diferente pelo menos uma vez para ver no que vai dar?

Outra das minhas máximas preferidas é que o tempo de Deus não é o nosso tempo. O desejo de Deus para você não é o seu desejo. Os pensamentos de Deus não são os nossos. Por quê? Já imaginou se Deus realizasse tudo que você pedisse nos seus momentos de impaciência, de vaidade, de orgulho? Já pensou se tudo de que você reclamasse fosse tirado da sua vida?

Por exemplo: "Não aguento mais a minha mãe!". Pronto! De repente ela morreu! "O meu cabelo é horrível!" E aí você fica careca! "Não dá mais para engolir meu emprego!" O.k., você acaba de ficar desempregado! "Meu marido é uma praga!" Tudo bem. Você ficou viúva agora! "Não suporto mais esse calor!" E a partir desse dia só haverá neve e chuva!

Assustador, não é? Entretanto, tudo isso é coisa muito séria.

Nós precisamos ter consciência de que, se alguma coisa deu errado na nossa vida, não foi por culpa de Deus, mas sim nossa. O mal só entra na vida de quem não tem Jesus Cristo. Eu não acredito que o mal entre na vida de alguém que está comungando verdadeiramente com Jesus Cristo, comendo o pão do céu, escutando as Suas palavras e principalmente as pondo em prática.

Afirmo para você que é preciso ser totalmente de Jesus Cristo! Ele é a nossa bússola, o nosso norte, o piloto do nosso barco, a luz que clareia o caminho. Eu posso muito mais, nós podemos muito mais, porque temos Jesus Cristo! Onde está Jesus Cristo está a luz, não existe trevas! Jesus é a nossa luz. A luz que nos ilumina.

Reflita muito antes de reclamar ou maldizer as coisas e as pessoas. Olhe ao seu redor. O que diferencia você dos demais? Será que não são as bênçãos do Senhor na sua vida? O sol nasce para justos e injustos! O que vai diferenciá-lo dos demais são as suas atitudes perante essas situações.

Meu irmão, minha irmã, deem graças a Deus por tudo. Sejam alegres com o que possuem. Mantenham seu coração grato; O que depender de você para mudar, mude. Como eu já disse, Deus não vai mudar a sua vida se você não o fizer primeiro. Dê o primeiro passo.

REZE COM O PADRE

Senhor Jesus Cristo, filho de Deus, eu te entrego a minha vida, tudo que tenho, tudo que sou. Liberta-me de todos os meus pecados. Arranca do meu coração, da minha vida, do meu caminho, da minha casa, da minha família, toda maldição, toda destruição. Senhor Jesus Cristo, pelo poder do Teu nome e do Teu sangue, jogo na cruz todas as minhas dificuldades. Jogo tudo nos pés da Tua cruz, Senhor, e através dela será derrotado satanás! Senhor, recebe na Tua cruz todo meu sofrimento, minhas tristezas, meu desânimo, minha angústia, minha depressão, meu fracasso, as minhas decepções. Obrigado.

Que a Cruz Sagrada seja a minha luz. Que não seja o dragão o meu guia. Retira-te, satanás, nunca me ofereças coisas más, é mau o que tu me ofereces, bebe tu mesmo do teu próprio veneno. Eu te ordeno, satanás, em nome de Jesus Cristo, sai da minha vida, sai do meu caminho. Em nome de Jesus Cristo, pelo sangue de Jesus, eu te derroto agora!

Em nome do Pai, do Filho e do Espírito Santo, amém.

POSFÁCIO
QUER SER FELIZ?

Nós nos preocupamos tanto com o futuro que nos esquecemos de viver o momento presente, de viver o hoje. É preciso viver o hoje com intensidade. É preciso ser feliz hoje, agora. A decisão da sua felicidade não está nas mãos do outro, mas sim nas suas mãos. É você quem decide, e Deus o ajudará.

O homem mais rico do mundo é aquele que tem Deus, família, amigos e saúde. É hora de buscar resultados diferentes, é hora de começar a sua mudança de vida. Se você quer que aconteça algo de novo, isso depende só de você. E lembre-se de sempre carregar Jesus em seu coração, pois sem Ele não somos absolutamente nada! O dinheiro compra uma bela mansão, mas não nos dá um lar de verdade, uma família, não nos tira da solidão, da depressão, da angústia.

O dinheiro compra uma belíssima cama, uma bela suíte, mas não nos dá o sono depois de um longo dia de trabalho, não nos dá uma noite tranquila de repouso. É melhor dormir em uma caminha simples, colocar a cabeça no travesseiro e ter uma noite de sono maravilhosa, que nos permite acordar bem e dispostos para encarar um novo dia. A felicidade está nas coisas simples, como sentar à mesa, comer o arroz e o feijão fresquinho, com ovo, uma galinha caipira e uma verdurinha.

O essencial para o homem ser feliz é possuir carinho, presença, paz, alegria, família, amigos, saúde e Deus em seu coração. O maior presente que você pode dar a alguém é estar presente na vida dessa pessoa, sendo sempre uma fonte inesgotável de companheirismo, respeito, carinho e amor.

Entretanto, é preciso correr atrás, fazer a diferença, buscar o novo, se reinventar. Tudo tem que ser diferente. As coisas mais belas da vida são as mais simples, e Deus tem muito a nos ensinar sobre isso.

Somos nós quem escrevemos a nossa história. Nós somos os autores da grande história da nossa vida. Somos nós quem decidimos ser ou não felizes. Somos nós que escolhemos entre realizar ou amargar a frustração. Tudo isso porque Deus nos ama tanto que nos dá liberdade, nos deixa livres para escolher o final de cada capítulo. É na simplicidade das coisas que Deus se faz presente, e aí está o segredo da felicidade.

Todas as vezes que quisermos entender as coisas de Deus do nosso jeito, vamos nos decepcionar, porque, ou a gente se enquadra dentro do projeto do pensamento de

Deus, ou tenha a certeza de que Deus não vai se enquadrar nos nossos projetos, nem nos nossos pensamentos, pois Deus julga com amor, Deus julga com misericórdia, e nós não fazemos isso.

Muitas vezes Jesus nos pede para que façamos tudo ao contrário do que a gente queria, e nesses momentos chegamos a nos questionar se de fato temos a capacidade necessária para seguir Jesus Cristo. Sei que em diversas ocasiões Deus pode nos parecer um pouco contraditório. Na verdade, creio que Ele gosta de nos passar essa impressão. O homem pensa que, se levar um tapa na cara, deve dar dois de volta, porém Jesus chega e nos diz: "Ao que te ferir numa face, oferece-lhe também a outra" **(Lc 6,29)**.

O homem acha que é preciso vingar o mal que lhe fizeram, enquanto Deus diz que temos que perdoar. O homem acha que tem que manter os inimigos o mais longe possível, e Deus diz que devemos amar o inimigo. A palavra de Deus, do início ao fim, nos coloca em xeque, porque Ele pensa e age diferente de nós. Deus nos ama tão profundamente que somos incapazes de compreender esse amor. E Ele ama a todos nós.

Deus dará a você aquilo que ninguém deu. Ele é especialista em fazer isso. Deus acolhe, abraça, ama, perdoa, congrega, chama, confia. Ele não vê o que está por fora, mas sim a essência. Deus, além de amar e perdoar, é justo. Deus nos dá a oportunidade a cada dia que passa de melhorar, de nos converter, de mudar. Deus está nos dando a oportunidade de mudar.

Todos nós temos qualidades e defeitos, mas somos amados com a mesma intensidade. Compreenda assim a Palavra: Toma o que é seu, vai para a sua casa, cuida da sua vida, cuida da sua salvação, porque a salvação é individual, a salvação é algo muito pessoal. A simplicidade está no coração, na vida, no dia a dia, na prática.

É muito fácil falar, mas é muito difícil fazer. Geralmente quem muito fala nada faz. O fazer exige disponibilidade e coração aberto. Como é triste justamente observar aquele que fala, fala, mas não faz, porque quer continuar sempre vivendo a mesmice. Não adianta nada ficar falando que irá tomar uma posição, uma atitude, e não se mexer. Ficar apenas reclamando não lhe trará nenhum bem.

Comece a ter um pouco mais de sabedoria e de discernimento. Você verá que sua vida mudará para sempre no dia em que você parar e começar a colocar em prática aquilo que sabe ser o certo e ainda não o fez porque não teve coragem, ousadia e sabedoria necessárias para tomar a decisão. Não adianta nada colocar fardos pesados nos ombros dos outros. Você precisa aprender a carregar e a viver os seus próprios fardos e desafios.

Se decidirmos continuar vivendo essa vida de hipocrisia, de mentiras, uma hora teremos que pagar o preço. Porém, Deus nos diz:

"**11** Meu filho, não desprezes a correção do Senhor, nem te espantes de que ele te repreenda; **12** porque o Senhor castiga aquele a quem ama, e pune o filho a quem muito estima" **(Pr 3,11-12)**.

Ninguém gosta de ser repreendido. É importante que o pai corrija o filho, embora ninguém goste de ser corrigido. Pode ter certeza, eu também não gosto. Porém, precisamos saber onde erramos para nos aperfeiçoarmos, para nos tornarmos pessoas melhores. Se exercitarmos o bem da maneira correta, produziremos muitos frutos de paz e de justiça. Portanto, temos que nos manter firmes em nossa fé.

Desistir é a saída dos fracos. Insistir é a saída dos fortes. Aquele que insiste, que não desanima, chegará ao final com uma resposta certa. Confia no Senhor e, no tempo de Deus, você terá um final feliz. Prepare-se para conhecer, experimentar e viver o amor. Se você amar, poderá fazer tudo o que quiser.

A pessoa que ama, que coloca o amor em prática no seu dia a dia, é livre, é incapaz de fazer qualquer coisa errada, por isso Deus lhe dá a liberdade. Aquele que ama na sua liberdade não fará nada de errado. Ao contrário, essa pessoa só fará coisas boas. Rompa com tudo que o prende e que faz com que você sinta um imenso vazio interior. Abra o seu coração para redescobrir o segredo da felicidade plena e absoluta: uma vida nova em Jesus Cristo, o novo e verdadeiro amor.

Ame e perdoe...

Sempre e mais.

TESTEMUNHO

Há pouco tempo julgava que já sabia todas as respostas para minhas questões de vida. Ganhei uma viagem a Aparecida e, ao me sentar no ônibus, vi uma mensagem, presa a uma balinha, que dizia: "Quando a gente acha que tem todas as respostas, vem a vida e muda todas as perguntas". Logo descobri a verdade dessas palavras de Luis Fernando Verissimo, embora acredite que, naquele momento, mudei um pouco seu conteúdo para: "vem *Deus* e muda todas as perguntas".

De repente, me vi sem as respostas para os acontecimentos que se seguiram em minha vida. Fiquei atordoada. Tive então a oportunidade de conhecer o padre Alessandro Campos e, mesmo de longe, me senti convivendo com ele pessoalmente. Seus textos chegaram às minhas mãos, desde o primeiro livro, e lendo-os comecei a descobrir minhas verdades mais "verdadeiras", as respostas realmente fecundas. A Palavra de Deus é sempre nova, nos dá esperança cada vez que a colocamos em prática.

Sei que ao ler este livro você compreenderá exatamente o que quero dizer. O texto que mais me envolveu nessa caminhada de descobertas é o do capítulo sobre a tristeza. Como os discípulos de Emaús após a morte de Jesus, quando em suas vidas as perguntas mudaram, eu também andava desanimada, abatida, olhando para baixo, e não era capaz de ver Jesus caminhando ao meu lado, embora tenha convivido com Ele a minha vida toda. Agora posso afirmar: Ele não se esqueceu de mim! Nem de você, com certeza.

"Deus não te dá problemas, Deus te dá solução!", e foi isso que passei a vivenciar com esta leitura. Já não me envergonho de viver a experiência de Jesus Cristo, de abrir a boca e orar — quero ser uma cristã de atitude. Como um galho seco, fui podada e me renovei, me tornei mais forte, e quero estar pronta para dar novos frutos, de mais qualidade.

Como afirma sempre o padre Alessandro, sem Jesus não somos nada, longe de Deus não temos sabedoria para administrar nossa vida. O Senhor conhece nosso coração, Sua Palavra é como um bálsamo, e para crescer precisamos lidar com os "nãos".

Eu estou num tempo de construção, de descoberta, estou aprendendo que para ser feliz tenho que amar e perdoar, algo fácil de falar, mas bem difícil de viver. Entretanto, quero assumir esse compromisso com responsabilidade. Estou redescobrindo uma vida nova, plena. Quero seguir veementemente o conselho do padre Alessandro e deixar a vontade de Deus prevalecer em minha vida.

Como na parábola do "dono das vinhas", fui contratada por último pela equipe do padre e achava que não merecia um salário, mas Deus me chamou. E por intermédio do seu servo Alessandro, eu O estou conhecendo, já não ando de cabeça baixa, nem de lábios selados... Quero ser feliz!

Professora e orientadora Mits Miriam de Castro,
colaboradora na missão do padre Alessandro Campos.

Este livro, composto na fonte Berkey, foi impresso
em papel Norbrite 66,6 g/m², na gráfica RR Donnelley.
São Paulo, junho de 2016.